PÈLERINS À
LOURDES

W0460636

• LE SANCTUAIRE
• AVEC SAINTE BERNADETTE
• POURSUIVRE
LE PÈLERINAGE

LOURDES
SANCTUAIRE

LES GUIDES
PrionsenÉglise

Table des matières

Bienvenue au Notre-Dame

Par Mgr Olivier Ribadeau Dumas, recteur du sanctuaire

Vous voilà sur le point de partir en pèlerinage ou peut-être découvrirez-vous ces pages en arrivant à Lourdes. Un pèlerinage est toujours une aventure dont on ne sait pas ce qu'elle va produire en nous. Il s'agit d'abord de partir, de quitter un endroit connu pour aller vers l'inconnu. Abraham ne fut-il pas le premier des pèlerins en répondant à l'appel de Dieu : « Quitte ton pays, ta parenté et la maison de ton père et va vers le pays que je te montrerai » (Gn 12, 1) ? Sans autre sécurité que la foi, il partit. Partir en pèlerinage est un acte de confiance, même si celle-ci est timide, fragile. C'est l'expression d'une recherche, et rien que cela est beau aux yeux de Dieu. Quitter, c'est accepter de s'abandonner entre les mains de Dieu, en abandonnant habitudes et certitudes pour affronter l'inconnu ; c'est aussi abandonner les fruits attendus pour accueillir ce que Dieu voudra nous donner. Peut-être venez-vous à Lourdes avec une intention particulière, une prière intense. Vous avez raison mais acceptez d'accueillir ce que Dieu vous donnera. Il sait ce dont vous avez besoin. Ce dont vous pouvez être sûr, c'est que Dieu vous attend, que Marie est là et qu'à la grotte, elle vous sourit comme elle a souri à Bernadette au moment des apparitions. Et ce sourire de Marie est le signe de la tendresse de Dieu pour l'humanité. Vous n'êtes

sanctuaire de Lourdes

pas parti vers n'importe quelle direction. À la suite de tant et tant de pèlerins, vous avez mis vos pas dans ceux de Bernadette et vous venez ici pour prier Marie.

Depuis 1858, des foules se pressent à Lourdes pour vivre de la grâce de ce lieu, qui est avant tout le lieu de la guérison des corps et des cœurs, et pour prier humblement celle qui a révélé son nom à Bernadette le 25 mars 1858 : « *Je suis l'Immaculée Conception.* » Ce nom n'est pas un simple énoncé théologique, c'est un trésor. En se présentant ainsi, Marie nous dit qu'une femme dans l'histoire de l'humanité a pleinement accompli le plan de Dieu sur elle. Marie a été totalement accueillante à l'amour infini de Dieu. Et elle nous montre que nous pouvons aussi accomplir la volonté de Dieu. Si Marie a été bénéficiaire de la miséricorde de Dieu, nous sommes aussi bénéficiaires de celle-ci, d'une autre manière. Et l'on sait que la miséricorde coule à flots à Lourdes. La chapelle de la Réconciliation vous attend pour que vous viviez de cette richesse infinie. Ce nom révélé à Bernadette quatre ans après la proclamation par le pape Pie IX du dogme de l'Immaculée Conception nous ouvre l'horizon de l'espérance. En Marie est déjà préfiguré ce qui adviendra au jour de Dieu : le mal, le péché et la mort seront terrassés. Lourdes est une Bonne Nouvelle. •••

Mot d'accueil

••• Lourdes est avant tout le lieu d'une rencontre. Le message de Lourdes, c'est celui de la rencontre et de la fraternité. Car Lourdes, ce n'est pas simplement Marie, c'est Marie et Bernadette, la rencontre de deux femmes. Aujourd'hui c'est la rencontre entre les malades et les hospitaliers, la rencontre entre les générations, la rencontre entre les clercs et les laïcs, la rencontre entre les nations et les cultures pour que Babel se transforme toujours davantage en esprit de Pentecôte.

Cette rencontre se teinte ici d'une dimension importante : la compassion. C'est un des plus beaux sentiments que l'homme puisse éprouver. Cette compassion est la marque de Dieu. Ici la compassion de Dieu se manifeste par l'attention portée aux plus petits et aux plus faibles. Lourdes se vit à hauteur de fauteuil et de brancard.

Cette rencontre est marquée par l'international. Cette dimension est intrinsèque au sanctuaire mais il ne s'agit pas seulement d'une affaire de langues. Marie parlait en bigourdan à Bernadette et chacun ici doit pouvoir entendre Marie et son message dans sa propre culture. La présence de chapelains, c'est-à-dire de prêtres, de différentes nationalités et de communautés religieuses venant de plusieurs continents, est un signe de cette universalité. Ils sont là pour vous accueillir, vous rencontrer, signifier pour vous la tendresse de Dieu à votre égard.

Je le crois aussi très profondément, le message de Lourdes est prophétique pour aujourd'hui, parce que son message nous dit quelque chose de Dieu et que Dieu parle par lui. Lourdes n'est rien d'autre que l'Évangile vécu. Il est prophétique pour l'Église mais aussi pour la société. Marie et Bernadette ont quelque chose à dire au monde d'aujourd'hui.

Dans une société marquée par l'individualisme, Lourdes veut répondre par la fraternité.
Dans une société marquée par la réussite matérielle, Lourdes veut répondre par le prix et la valeur de la pauvreté. Ici, les pauvres et les malades ont la première place.
Dans une société marquée par le culte du corps, Lourdes veut répondre par la dignité de toute vie.
Dans une société marquée par la défiance, Lourdes veut répondre par la confiance.
Dans une société marquée par l'isolement et la solitude, Lourdes veut répondre par le rassemblement et la joie simple.
Dans une société marquée par le rationnel, Lourdes veut répondre en acceptant l'inexplicable. Depuis 1858, 70 fois ont été déclarées miraculeuses des guérisons inexplicables en l'état actuel des connaissances médicales.

Si vous arrivez comme visiteur au sanctuaire, je souhaite que vous en sortiez pèlerin. Si vous arrivez comme pèlerin, puissiez-vous en sortir affermi dans votre foi.

Bienvenue à Lourdes !

SANCTUAIRE DE LOURDES - PIERRE VINCENT

POURQUOI VENIR À LOURDES ?

En 1858, la Vierge Marie est apparue à Bernadette, une jeune fille de 14 ans issue d'un milieu modeste. C'était à Lourdes. Depuis, cette ville située au pied des Pyrénées est devenue l'un des lieux de pèlerinage catholique les plus importants du monde.

Lourdes, les essentiels

ACCUEIL DES PÈLERINS

Le sanctuaire Notre-Dame de Lourdes est ouvert toute l'année.
Il est bon de prévenir de votre arrivée.
La saison des pèlerinages dure d'avril à octobre.

CHAQUE JOUR, AU SANCTUAIRE

9h30	Vidéo sur l'histoire des apparitions et le sanctuaire
9h30	Chemin de croix
9h30	Messe internationale *(mercredi et dimanche)**
10h00	Présentation du message de Lourdes par un chapelain du sanctuaire
11h15	Messe du pèlerin
14h00	Pèlerinage accompagné à la grotte
15h00	Sur les pas de Bernadette (visites des lieux où elle a vécu en ville)
15h00	Trois découvertes du sanctuaire : les trois basiliques, les ex-voto, un lieu de rencontre
15h30	Chapelet à la grotte
16h15	Entretien sur la Vierge Marie avec un chapelain *(samedi)*
17h00	Procession eucharistique*
21h00	Procession mariale*
21h00	Chapelet aux flambeaux à la grotte *(vendredi, samedi et dimanche)***

**d'avril à octobre ** de novembre à mars*

Confessions Tous les jours, de 8h30 à 11h30 et de 14 heures à 18h30, d'avril à octobre, à la chapelle de la Réconciliation.
Adoration D'avril à octobre, à la chapelle de l'Adoration, tous les jours de 9 heures à 20 heures. De novembre à mars, de 12 heures à 16 heures à la crypte.

Bain aux piscines.
Vidéo du sanctuaire à la demande au centre d'information.
Musée des miraculés au bureau des constatations médicales.
À tout moment, il est possible de demander à rencontrer un chapelain du sanctuaire pour un entretien personnel.
Retrouvez tous les horaires sur www.lourdes-france.org/horaires
Tous les renseignements vous sont donnés au centre d'information du sanctuaire (voir *Informations pratiques*, page 161).

LOURDES EN UN, DEUX OU TROIS JOURS…

Une proposition du sanctuaire Notre-Dame de Lourdes

JOUR 1

9h30	Vidéo sur l'histoire des apparitions et le sanctuaire
10h00	Présentation du message de Lourdes
11h15	Messe du pèlerin
15h00	Découverte du sanctuaire
17h00	Procession eucharistique*
21h00	Procession mariale*

JOUR 2

9h30	Chemin de croix
11h15	Messe du pèlerin
14h00	Pèlerinage accompagné à la grotte
15h00	Chapelet à la grotte Confession libre
17h00	Procession eucharistique*
21h00	Procession mariale*

JOUR 3

9h00	Piscines
11h15	Messe du pèlerin
15h00	Sur les pas de Bernadette
21h00	Procession mariale*

**d'avril à octobre*

Les équipes d'accueil du sanctuaire sont à votre disposition pour vous aider à organiser un pèlerinage personnalisé.
Contactez-les avant votre arrivée par courriel à l'adresse saccueil@lourdes-france.com ou par téléphone au 05 62 42 20 08.

Brève histoire de la ville

Située au pied des Pyrénées, au cœur de la Bigorre et au carrefour de plusieurs vallées, la cité mariale a une longue histoire. Des outils, tessons de céramique ou sépultures retrouvés sur le site témoignent d'une présence humaine dès la période paléolithique, vers 13 000 avant Jésus-Christ. La ville est bâtie autour d'un piton rocheux, sur lequel a été construit le château. La géologie et l'histoire partagent la cité en deux entités, vivant à des rythmes très différents : suite au développement de la ville, le sanctuaire ne se trouve plus hors les murs mais dans la ville.

UNE ÉTAPE SUR LA « ROUTE DES BAINS »

Des pans de murailles romaines laissent supposer que l'oppidum du château fut occupé dès le Ier siècle av. J.-C., et les traces de deux grands axes – est-ouest et nord-sud – montrent que le développement de la ville est lié à sa situation de carrefour routier, vers l'Espagne au sud, vers Toulouse à l'est et

©ADOBE STOCK

l'Atlantique à l'ouest. Au Moyen Âge, Lourdes et son château sont le siège du comté de Bigorre. La ville est convoitée en raison de sa situation stratégique et de son marché et connaît une histoire mouvementée. Lourdes traverse ainsi plusieurs crises aux XVIe et XVIIe siècles. L'église paroissiale est détruite lors des guerres de religion, tout comme l'abbaye de Saint-Pé-de-Bigorre toute proche. Mais la ville sait aussi tirer profit de sa situation d'étape sur la « route des bains » de Barèges, dont les sources servent à soigner les soldats blessés et malades. Le château reste un lieu stratégique, le « verrou du Lavedan ». Sa position permet en effet d'embrasser d'un seul coup d'œil les sept vallées qui constituent le Lavedan. Malgré famines et épidémies, la population est en augmentation au XVIIIe siècle : de 2315 habitants en 1696, elle passe à près de 3500 en 1772.

Après la Révolution, le comté de Bigorre est incorporé dans le nouveau département des Hautes-Pyrénées, et Lourdes devient, en 1790, chef-lieu de canton. Durant la première moitié du XIXe siècle, la ville est un bourg agricole; on y exploite également des carrières de pierre.

UN LIEU DE PÈLERINAGE INCONTOURNABLE DEPUIS 1858

En 1858, année des apparitions, la ville compte environ 4000 habitants. Elle connaîtra un essor important après cette date.

Si la ville ancienne s'était construite autour du château fort, la ville moderne s'est développée en direction de la grotte, qui était un lieu désert en 1858. Entre 1879 et 1881, la municipalité, sous la pression des autorités religieuses et malgré l'opposition locale, élargit les rues de la ville médiévale et trace le boulevard de la grotte menant au sanctuaire, en contournant le château par le nord. Boutiques et hôtels se construisent peu à peu pour l'accueil des pèlerins, à proximité du sanctuaire. À la fin du XIXe siècle, Lourdes se dote d'une nouvelle église paroissiale. L'ancienne, dédiée à saint Pierre, est rasée en 1904. Lourdes compte environ 14000 habitants aujourd'hui. Elle est l'un des lieux de pèlerinage catholique les plus importants du monde. La ville accueille chaque année plus d'1,2 million de pèlerins.

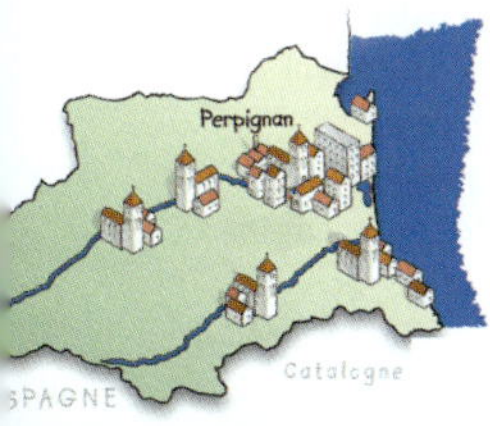

Bernadette en quelques dates

7 janvier 1844 : naissance de Bernadette Soubirous au moulin de Boly, fille de François Soubirous (1807-1871) et Louise Castérot (1825-1866).

9 janvier 1844 : baptême de Marie-Bernarde, communément appelée Bernadette, à l'église paroissiale Saint-Pierre de Lourdes.

Novembre 1844 : suite à une brûlure de Louise Castérot, sa maman, départ de Bernadette chez une nourrice, Marie Laguës, à Bartrès.

1er avril 1846 : retour chez ses parents au moulin de Boly.

8 décembre 1854 : Pie IX définit le dogme de l'Immaculée Conception dans la bulle *Ineffabilis Deus*.

Automne 1855 : lors de l'épidémie de choléra qui frappe la région, Bernadette tombe malade. Elle demeurera de santé très fragile (asthme et tuberculose).

Mai 1856 : la famille Soubirous se retrouve dans la misère et doit aller vivre au cachot (le recensement du 31 mai 1856 confirme que la famille vit déjà au cachot à cette date).

Septembre 1857 : Bernadette va à nouveau vivre chez sa nourrice, à Bartrès.

21 janvier 1858 : François Soubirous vient rechercher Bernadette. Elle retourne à Lourdes pour préparer sa première communion.

11 février 1858 : première apparition de la Vierge à Bernadette, à la grotte de Massabielle.

25 mars 1858 : la « *Dame* » révèle son nom à Bernadette : *Que soy era Immaculada Councepciou* (« Je suis l'Immaculée Conception »).

3 juin 1858 : Bernadette fait sa première communion dans la chapelle de l'hospice tenu par les Sœurs de Nevers.

16 juillet 1858 : dix-huitième et dernière apparition.

8 septembre 1858 : en se consacrant à la Vierge Marie, Bernadette devient « enfant de Marie ».

15 juillet 1860 : Bernadette s'installe à l'hospice des Sœurs de la Charité de Nevers. Elle y résidera jusqu'à son départ de Lourdes.

18 janvier 1862 : mandement de l'évêque de Tarbes reconnaissant l'authenticité des apparitions.

18 mai 1866 : inauguration de la crypte en présence de Bernadette.

3 juillet 1866 : Bernadette se rend à la grotte une dernière fois, avant de partir à Nevers chez les Sœurs de la Charité, le 4 juillet.

7 juillet 1866 : Bernadette entre au couvent Saint-Gildard de Nevers, pour faire son noviciat.

30 octobre 1867 : profession religieuse de Bernadette, sœur Marie-Bernard.

28 mars 1879 : Bernadette reçoit le sacrement des malades pour la quatrième fois.

16 avril 1879 : Bernadette meurt à Nevers, à 35 ans. Elle venait de faire sa profession solennelle.

8 décembre 1933 : canonisation de sainte Bernadette par le pape Pie XI.

Sainte Bernadette

Bernadette Soubirous naît au moulin de Boly le 7 janvier 1844. Elle est baptisée deux jours plus tard, dans l'église paroissiale Saint-Pierre, à Lourdes. Ses parents, François Soubirous (1807-1871) et Louise Castérot (1825-1866), exploitent le moulin de Boly, où il fait bon vivre dans le chant de la meule et la bonne odeur de farine.

Mais en novembre 1844, Louise se brûle un sein et ne peut plus allaiter Bernadette, qu'il faut envoyer en nourrice aux environs de Lourdes, à Bartrès. Elle y restera pendant un an et demi. En avril 1845, le deuxième enfant de la famille, Jean, meurt. Il est âgé de 2 mois. Les Soubirous connaîtront d'autres deuils, puisque Bernadette est l'aînée de neuf enfants, dont cinq meurent en bas âge. La santé de Bernadette est fragile, avec de fréquentes crises d'asthme. Et François Soubirous perd l'œil gauche à cause d'un éclat de métal, tandis qu'il repique les meules.

Bernadette connaît pourtant un certain bonheur durant près de dix années au moulin de Boly, car la famille s'aime. On y vit aussi une foi profonde, et Bernadette, même si elle ignore presque tout du catéchisme, qu'elle peinera toujours à apprendre, est élevée chrétiennement. Elle connaît le Notre Père et le Je vous salue Marie, et porte toujours sur elle un chapelet. On prie beaucoup chez les Soubirous.

DES TRAVAUX PRÉCAIRES POUR NOURRIR LES ENFANTS

Mais les affaires vont mal au moulin. L'industrialisation rend le métier incertain, et François est souvent trop bon quand les clients, surtout les pauvres, tardent à payer. En 1854, la famille Soubirous doit déménager. Bernadette a 10 ans. François devient brassier. Il loue ses bras et doit accepter des travaux précaires pour nourrir ses quatre enfants. Louise fait des ménages et des lessives, parfois des travaux agricoles.

LA MISÈRE EST TOTALE

Une épidémie de choléra frappe Lourdes à l'automne 1855. Bernadette en réchappe mais sa santé continue de se détériorer. La situation chez les Soubirous, un instant meilleure, devient catastrophique. Bernadette doit aller vivre chez sa tante Bernarde, où elle travaille comme servante, à la maison et au comptoir du cabaret. En 1856, la misère est totale, et la famille en est réduite à aller vivre au cachot, l'ancienne prison, désaffectée parce qu'insalubre. Les Soubirous vivent dans une seule pièce, sombre et humide, d'à peine quatre mètres carrés ! Pour ajouter au malheur, le 27 mars 1857, François Soubirous est accusé du vol de deux sacs de farine et emmené par les gendarmes. Il sera innocenté peu après. Le boulanger avoue l'avoir soupçonné en raison de « *son état de misère* » !

Bernadette retourne en septembre 1857 à Bartrès, chez sa nourrice, Marie Lagües. L'air est meilleur là-bas, et c'est aussi une bouche de moins à nourrir. Marie Lagües apprend le catéchisme à Bernadette, qui ne peut retenir les formules. Elle n'a pas la tête faite pour cela. François Soubirous, son père, voit bien que la famille lui manque. Et il tarde à Bernadette de faire sa première communion, or elle ne peut s'y préparer à Bartrès. En janvier 1858, elle revient à Lourdes, auprès des siens, au cachot de la rue des Petits-Fossés. C'est à cette période que commencent les apparitions.

UNE GRANDE CATÉCHÈSE

Le 11 février 1858 en effet, Bernadette est venue au bord du Gave pour ramasser du bois mort. Alors qu'elle s'apprête à traverser, une « *Dame* » lui apparaît dans la grotte de Massabielle. Elle a une ceinture bleue et une rose jaune sur chaque pied. La « *Dame* » lui apparaîtra 18 fois, jusqu'au 16 juillet 1858. Lors de la 16e apparition, le 25 mars, elle lui révèle son nom : « *Je suis l'Immaculée Conception.* » Les apparitions sont comme une grande catéchèse pour Bernadette, qui apprend à prier pour les pécheurs. Mais la « *Dame* » l'invite aussi à gratter le sol, d'où sort une eau limpide, celle de la source que les pèlerins vont désormais utiliser pour « *boire* » et « *s'y laver* », selon le message que la « *Dame* » confia à Bernadette.

Le 3 juin 1858, Bernadette fait sa première communion à l'hospice, tenu par les Sœurs de Nevers. Elle se consacre à Marie le 8 septembre de la même année. Bernadette demeurera dans la maison des Sœurs de Nevers à Lourdes, dans la « *classe des pauvres* ». Elle y apprend à lire, mais surtout à servir les pauvres, ce qu'elle fait de tout son cœur. Elle y restera pendant huit années. Sa vie est simple. Elle est centrée sur l'essentiel : prier, apprendre et servir. Après avoir hésité entre plusieurs congrégations, Bernadette entre à 22 ans chez les Sœurs de Nevers. Elle arrive au couvent Saint-Gildard le 7 juillet 1866, à Nevers, et prend l'habit religieux trois semaines plus tard, le 29 juillet. Elle reçoit le nom de sœur Marie-Bernard. Elle restera à Nevers jusqu'à sa mort, le 16 avril 1879, mercredi de Pâques, occupant l'emploi d'aide-infirmière, puis, selon son expression, « *l'emploi de malade* ».

L'évêque de Tarbes reconnut officiellement les apparitions en 1862. Bernadette fut béatifiée le 14 juin 1925, et canonisée le 8 décembre 1933.

Les apparitions

L'histoire de Bernadette et celle de Lourdes connurent un bouleversement total le 11 février 1858, lorsque la Vierge apparut à la jeune fille, au rocher de Massabielle. C'est alors un endroit sale et obscur. On l'appelle la *« tutte aux cochons »*, un lieu où l'on mène les bêtes qui y trouvent un abri. C'est là que, du 11 février au 16 juillet, Marie apparut 18 fois à Bernadette. Ces rencontres furent pour la jeune fille comme une grande catéchèse, qui devait la mener, le 3 juin 1858, à la première communion, qu'elle désirait vivement, suivie de sa consécration à Marie, le 8 septembre.

Très peu de paroles accompagnent les apparitions.

Le message est simple, très proche de l'évangile, et dit le don de la vie du Christ pour tous et la grâce du pardon. Bernadette reçoit et transmet cet essentiel, qui a bouleversé sa vie et touche la vie du pèlerin.

JEUDI 11 FÉVRIER 1858 | 1re APPARITION

Bernadette se rend à Massabielle, au bord du Gave, avec sa sœur Toinette et Jeanne Abadie, une amie, pour y ramasser du bois mort. Tandis qu'elle se déchausse pour rejoindre les autres, elle entend *« comme un coup de vent »*. Elle s'étonne, car il n'y a pas de vent, et se retourne pour vérifier. *« Les peupliers ne remuaient pas,* dit-elle. *Je continuais à me déchausser et j'entendis la même rumeur. Je levai la tête en regardant la grotte. Je vis une Dame. Elle avait une robe blanche et une ceinture bleue et une rose jaune sur chaque pied, couleur de la chaîne de son chapelet. Je frottai mes yeux, je croyais me tromper. Je mis la main dans ma poche, j'y trouvais mon chapelet. Je voulais faire le signe de la croix, je ne pus pas porter la main au front : elle m'est tombée. La vision fit le signe de la croix. J'essayais de le faire et je pus... »* Bernadette récite alors le chapelet, guidée par la *« Dame »*, qui au terme de la prière, disparaît.

©WIKIMEDIA COMMONS

DIMANCHE 14 FÉVRIER | 2e APPARITION

Bernadette retourne à la grotte. Elle y est comme poussée par une force intérieure. Après la première dizaine de chapelets, elle voit apparaître la « *Dame* ». Comme on le lui a demandé, elle lui jette de l'eau bénite. La Dame sourit et incline la tête. Au terme de la prière du chapelet, elle disparaît.

JEUDI 18 FÉVRIER | 3e APPARITION

Pour la première fois, la « *Dame* » parle. Bernadette, puisqu'on le lui a demandé, lui présente une écritoire et lui demande d'écrire son nom. Elle lui dit :

> *« Ce que j'ai à vous dire, ce n'est pas nécessaire de le mettre par écrit. »*
> Mais aussi : *« Je ne vous promets pas de vous rendre heureuse en ce monde mais dans l'autre. »*
> Et encore : *« Voulez-vous me faire la grâce de venir ici pendant quinze jours ? »*

Bernadette viendra quinze jours, mais parfois la « *Dame* » ne lui apparaîtra pas. C'est pour elle le temps de l'épreuve.

VENDREDI 19 FÉVRIER | 4e APPARITION

Bernadette vient à la grotte avec un cierge bénit et allumé.

SAMEDI 20 FÉVRIER | 5e APPARITION

La « *Dame* » apprend à Bernadette une prière personnelle. Ce jour-là, une grande tristesse envahit la jeune fille.

DIMANCHE 21 FÉVRIER | 6e APPARITION

Une centaine de personnes accompagnent Bernadette, à qui la « *Dame* » apparaît. La jeune fille est interrogée ce jour-là par le commissaire de police Jacomet, qui lui demande ce qu'elle a vu. Elle ne lui parle pas de la Vierge, mais seulement d'« *aquero* » (mot qui signifie « cela »).

MARDI 23 FÉVRIER | 7e APPARITION

Bernadette est entourée de plus de cent-cinquante personnes. L'apparition lui révèle un secret « *rien que pour elle* ». La jeune fille gardera ce secret.

MERCREDI 24 FÉVRIER | 8e APPARITION

La « *Dame* » lui parle :

> « *Pénitence ! Pénitence ! Pénitence ! Priez Dieu pour les pécheurs !* »
> Mais aussi : « *Allez baiser la terre en pénitence pour les pécheurs !* »

Bernadette le fait, à l'étonnement de tous.

JEUDI 25 FÉVRIER | 9e APPARITION

Près de trois cents personnes sont présentes. La « *Dame* » dit à Bernadette :

> « *Allez boire à la source et vous y laver.* »

La jeune fille gratte le sol et ne trouve que de la boue. « *Au quatrième essai, je pus boire.* » Sur la parole de la « *Dame* », elle mange aussi de l'herbe qui se trouvait là. Sa tante la gifle. On la croit folle. Elle répond que « *c'est pour les pécheurs* ».

SAMEDI 27 FÉVRIER | 10e APPARITION

Désormais, près de huit cents personnes sont présentes. L'apparition est silencieuse. Bernadette boit l'eau de la source et accomplit les gestes habituels de pénitence.

DIMANCHE 28 FÉVRIER | 11e APPARITION

Ce jour-là, plus de mille personnes sont présentes. Bernadette prie, baise la terre et rampe sur les genoux en signe de pénitence. Elle est ensuite emmenée chez le juge Ribes, qui la menace de prison.

LUNDI 1ER MARS | 12e APPARITION

Plus de mille cinq cents personnes sont là. Dans la nuit, Catherine Latapie, une dame de Loubajac, village voisin, s'est rendue à la grotte. Elle a trempé dans l'eau de la source son bras paralysé, qui a retrouvé sa souplesse.

MARDI 2 MARS | 13e APPARITION

La foule est plus nombreuse encore. La « *Dame* » demande à Bernadette :

> *« Allez dire aux prêtres*
> *qu'on vienne ici en procession*
> *et qu'on y bâtisse une chapelle. »*

Bernadette transmet le message à l'abbé Peyramale, curé de Lourdes. Il reçoit rudement Bernadette et ne veut savoir qu'une chose : le nom de la « *Dame* ». Et il veut un signe : que le rosier de la grotte fleurisse !

MERCREDI 3 MARS | 14e APPARITION

Tôt le matin, Bernadette se rend à la grotte. Près de trois mille personnes sont là, mais la « *Dame* » n'apparaît pas ! Après l'école, Bernadette se rend en hâte à la grotte, où elle lui apparaît. Elle ne lui donne pas son nom, elle lui sourit seulement. Le curé Peyramale insiste : « *Si la Dame désire vraiment une chapelle, qu'elle dise son nom et qu'elle fasse fleurir le rosier de la grotte.* »

JEUDI 4 MARS | 15e APPARITION

C'est la fin de la quinzaine. La foule est de près de huit mille personnes. Et elle attend un miracle. Mais la vision est silencieuse. Le curé Peyramale campe sur sa position. Pendant vingt jours, Bernadette ne va plus se rendre à la grotte : elle ne s'y sent pas poussée intérieurement.

JEUDI 25 MARS | 16e APPARITION

Le rosier de la grotte ne fleurit pas, mais la « *Dame* » révèle son nom, dans le patois de Bernadette : « *Elle leva les yeux au ciel, joignant en signe de prière ses mains qui étaient tendues et ouvertes vers la terre, et me dit :*

> *Que soy era Immaculada Councepciou* »
> (« Je suis l'Immaculée Conception »).

Bernadette part en courant et répète sur le chemin ces mots qu'elle ne comprend pas. Le curé Peyramale en est bouleversé. Si Bernadette ignore ce qu'elle dit, lui sait que quatre ans plus tôt, en 1854, le pape Pie IX en a proclamé le dogme, affirmant Marie « Immaculée Conception ».

MERCREDI 7 AVRIL | 17e APPARITION

Bernadette tient son cierge allumé. La flamme entoure longuement sa main sans la brûler. Le docteur Dozous, qui est sur place, le constate.

JEUDI 16 JUILLET | 18e ET DERNIÈRE APPARITION

Bernadette ressent le mystérieux appel de la grotte, mais l'accès à Massabielle est interdit, fermé par une palissade et gardé par la police. Bernadette reste donc de l'autre côté du Gave, et voit la Vierge Marie, une ultime fois. « *Il me semblait,* dit Bernadette, *que j'étais devant la grotte, à la même distance que les autres fois. Je voyais la Vierge, jamais je ne l'ai vue aussi belle !* »
Au terme d'enquêtes approfondies, l'évêque de Tarbes, Mgr Laurence, reconnaît officiellement l'authenticité des apparitions de Lourdes en 1862, affirmant que nous sommes « *fondés à y croire* ».

« Je suis l'Immaculée Conception »

Le 25 mars 1858, la « *Dame* » communique son nom à Bernadette : « *Je suis l'Immaculée Conception.* » Mais Marie dit ce nom en patois : « *Que soy era Immaculada Councepciou.* » Des mots qui figurent au pied de la statue de la Vierge placée au creux de la grotte de Lourdes. Lorsque Bernadette rapporte au curé Peyramale les paroles qu'elle a entendues, celui-ci n'en croit pas ses oreilles et reprend son souffle. S'il est bouleversé, c'est que Bernadette ne sait pas ce qu'elle dit. Le pape Pie IX vient de promulguer à Rome, quatre ans auparavant, en 1854, le dogme de l'Immaculée Conception. Cette formulation n'est pas encore familière aux croyants… Et encore moins en patois pour une gamine sans instruction !

MARIE, MÈRE DE DIEU

Dès les premiers siècles de l'Église, les croyants ont eu l'intuition de l'exception ou de la particularité de Marie. Le début de l'évangile de Matthieu, comme de celui de Luc, dit ce mystère en mots sobres et infinis : Marie conçoit tandis qu'elle est vierge. « L'enfant qui est engendré en elle vient de l'Esprit Saint » (Matthieu 1, 20).

Les grands conciles ont prolongé ces affirmations de l'évangile, en ne craignant pas d'appeler Marie *Théotokos*, c'est-à-dire « Mère de Dieu » (concile d'Éphèse, en 431).

Mère de Dieu ! Rien donc de ce qui est du péché ou de la corrosion du mal ne pouvait l'atteindre. Jamais, c'est-à-dire depuis toujours et pour toujours ! C'est ce qu'affirme le dogme de l'Immaculée Conception proclamé par le pape Pie IX le 8 décembre 1854 : dès sa conception, Marie est tout entière épargnée par le mal et par le péché. En Marie, il ne peut exister l'ombre du péché.

« FEMME, VOICI TON FILS »

Marie, l'Immaculée, la Mère de Dieu, nous est aussi donnée pour mère. Rappelons-nous les paroles de Jésus à sa mère lorsqu'il est sur la croix. « Voyant sa mère, et près d'elle le disciple qu'il aimait, il dit à sa mère : "Femme, voici ton fils." Puis il dit au disciple : "Voici ta mère." Et à partir de cette heure-là, le disciple la prit chez lui. » (Jn 19, 25-27)

Les paroles prononcées par Jésus sur la croix donnent une nouvelle mission à la Vierge Marie. La Mère de Dieu devient aussi mère du disciple que Jésus aime. Représenté par le seul apôtre au pied de la croix, celui qui croit et qui devient disciple de Jésus devient aussitôt « enfant de Marie ». Il est invité à accueillir Marie chez lui, c'est-à-dire à la choisir pour mère et à avoir une vraie dévotion filiale vis-à-vis d'elle.

MÈRE DE L'ÉGLISE

De tout temps les chrétiens se sont tournés vers elle et ont trouvé auprès d'elle une authentique protection maternelle. Le concile Vatican II a affirmé que Marie est *« notre Mère dans l'ordre de la grâce »* (*Lumen Gentium* 61). Et les papes, depuis, la considèrent comme la Mère de l'Église. Ce titre révèle non seulement que Marie est la mère de chacun des croyants, mais qu'elle donne sa place dans l'Église à chacun de nous au milieu de ses frères pour bâtir ensemble l'Église, comme les pierres vivantes d'un même édifice spirituel (cf. 1 Pi 2, 5).

Le 11 février 2018, date du cent-soixantième anniversaire de la première apparition de la Vierge à Lourdes, le pape François a institué la fête de Marie Mère de l'Église. Elle est célébrée chaque année, au lendemain du dimanche de Pentecôte. Le pape pensait ainsi à Notre-Dame de Lourdes. Pendant les apparitions, Marie a montré une telle sollicitude maternelle auprès de Bernadette. Et en révélant son nom : *« Je suis l'Immaculée Conception »*, Marie nous révèle sa volonté de nous avoir tous pour ses propres enfants. Marie, l'Immaculée, est Mère de l'Église.

Les miracles

Depuis la guérison de Catherine Latapie en mars 1858, 70 guérisons ont été reconnues par l'Église comme miraculeuses. La dernière en date est celle de Sœur Bernadette Moriau, dont la guérison a été reconnue en 2016. Mais plus de 7000 ont été rapportées au bureau médical chargé, à Lourdes, de l'examen de ces cas. Et il en est sûrement beaucoup d'autres qui n'ont pas fait l'objet d'une démarche de reconnaissance officielle et sont pourtant éprouvées par des personnes. L'Église s'engage avec prudence, confrontant l'acte de foi aux rigueurs de la science.

QUAND PARLE-T-ON DE MIRACLE ?

Le miracle est un signe de Dieu, que l'on ne reçoit que par le cœur et par la foi. Le signe, en effet, peut étonner, surprendre. Il n'est pleinement reçu que dans un cœur qui accepte d'y accueillir un signe de la présence de Dieu et de son action. L'évangile montre ainsi de nombreuses personnes, touchées en leur cœur ou en leur corps, et que la rencontre de Jésus remet debout. Jésus pose des gestes et des paroles qui guérissent. Il ajoute souvent à l'adresse de la personne qui les reçoit : « Ta foi t'a sauvé ! » Ce geste est signe de Dieu.

À Lourdes, nombreuses sont les personnes qui éprouvent ainsi en leur être une transformation : conversion intérieure, guérison dans le cœur, et parfois dans leur corps. Désormais, elles en témoignent. Leur vie en est changée. Mais toutes ne reviennent pas à Lourdes pour déclarer ces guérisons qui les touchent. Certaines, pourtant, se rendent au bureau des constatations médicales, où est éprouvé le cas : s'agit-il d'une maladie ou d'un handicap sérieux ? La guérison semble-t-elle effective ? Et est-elle durable ? Pour l'affirmer, plusieurs examens sérieux seront pratiqués et les résultats comparés à des examens antérieurs. Le bureau médical se réunit alors. Tout médecin présent peut y participer. Il s'agit de confronter les diagnostics et leur interprétation. C'est alors le « constat » de guérison (d'où le nom du « bureau des constatations médicales »). •••

••• Si le cas constaté semble digne d'intérêt, le dossier est transmis au comité médical international de Lourdes, qui siège tous les ans et qui peut demander des examens complémentaires.

DES FRUITS SPIRITUELS

L'évêque de Lourdes informe l'évêque du diocèse dans lequel vit la personne guérie, pour qu'il s'apprête à l'examen de ce qui va lui être transmis, tant sur le plan médical (qu'il s'entoure de conseils) que spirituel : un « miracle » porte toujours des fruits. C'est en effet à l'évêque du lieu où vit la personne guérie que revient la responsabilité de l'interprétation religieuse que l'Église donnera de cette guérison. Il aura à décider du degré, plus ou moins public, de reconnaissance de cette guérison « inexpliquée » au regard de la science qui, elle aussi, demeure prudente dans son affirmation.

D'après le docteur Alessandro de Franciscis, président du bureau des constatations médicales de Lourdes, pour être reconnue miraculeuse, une guérison doit remplir sept critères : *« Depuis neuf ans, j'ai déjà étudié quatre cas de guérisons inexpliquées, dont trois ont été reconnues comme miraculeuses. Le 18 novembre 2016, lors de sa réunion annuelle, le CMIL a voté par 26 voix sur 27 pour reconnaître la guérison de sœur Bernadette Moriau comme* "guérison inexpliquée, dans l'état actuel des connaissances scientifiques", *en tenant compte des sept critères du cardinal Lambertini, au XVIII*e *siècle. À savoir que le diagnostic soit connu, que le pronostic soit grave, que la guérison soit soudaine, instantanée, complète et durable et qu'enfin elle soit inexpliquée. Sur les 70 miracles de Lourdes, 16 concernent des consacrés. »* (*La Croix*, 13 février 2018)

C'est au regard du croyant qu'existe le « miracle », qui ouvre à l'action de grâce et à un lien renouvelé avec l'Église.

Sœur Bernadette Moriau, la 70e miraculée

Sœur Bernadette Moriau naît en 1939 dans le Nord de la France. Elle entre à 19 ans au couvent de Nantes dans la congrégation des Sœurs franciscaines Oblates du Sacré-Cœur de Jésus et obtient son diplôme d'infirmière en 1965. En 1966 apparurent les premiers symptômes d'une maladie des racines lombaires et sacrées, connue sous le nom de « syndrome de la queue-de-cheval ».

En 2008, sœur Bernadette se rend à Lourdes pour la première fois depuis les débuts de sa maladie. Elle se confesse, reçoit le sacrement des malades. Jamais elle ne demande sa guérison, seulement la force de poursuivre le chemin. Pendant la procession du Saint-Sacrement, au milieu des fauteuils roulants dans la basilique Saint-Pie-X, elle vit une expérience intense. *« J'ai entendu le Seigneur me dire : "Je vois ta souffrance. Donne-moi tout." J'ai beaucoup prié alors pour les malades, surtout les plus jeunes, afin qu'ils guérissent. »*

De retour dans sa communauté située non loin de Beauvais, elle ne ressent aucune amélioration. Mais le 11 juillet, dans la chapelle de sa communauté, elle revit la joie intense qu'elle a ressentie quelques jours plus tôt à Lourdes. Elle ressent, dans tout le corps, une chaleur inhabituelle : *« À 18 heures, je suis rentrée dans ma chambre et une voix m'a dit :* "Enlève tes appareils." *Dans un acte de foi, j'ai alors retiré le corset, l'attelle et le neuro-stimulateur. J'ai pensé à Jésus disant au paralytique :* "Prends ton grabat et marche". *À ma grande surprise, quand j'ai retiré l'attelle, mon pied gauche était redressé. Je suis allée voir ma sœur de communauté, je lui ai dit que je ne comprenais pas ce qui se passait. Nous avons pleuré et prié. »*

Le jour même, sœur Bernadette Moriau arrête définitivement la morphine. Elle est guérie. Elle garde le silence jusqu'à la reconnaissance officielle de sa guérison. C'est pour elle le moment de témoigner au monde des merveilles de Dieu.

(Citations parues dans *« La "miraculée" de Lourdes raconte sa guérison »*, Claire Lesegretain, *La Croix* du 13 février 2018)

Les malades et les hospitaliers

Dès les apparitions de Lourdes, des fidèles et des curieux viennent à la grotte. Et parmi eux, de nombreuses personnes malades. Les pèlerins seront beaucoup plus nombreux encore à partir de 1862, date de la reconnaissance du caractère authentique des apparitions par Mgr Laurence, évêque de Tarbes. Le premier pèlerinage à échelle nationale, dit « des Bannières », eut lieu en octobre 1872. Il fut organisé par l'abbé Chocarne, de Beaune. L'année suivante, fut lancé le premier Pèlerinage national, organisé par les Augustins de l'Assomption. Dès l'année suivante, on ouvre une souscription pour permettre aux malades pauvres de venir. Ils sont 54 en 1875, 482 en 1877, 1 000 en 1881. Dès 1876, des Petites Sœurs de l'Assomption se mettent à leur service. C'est ainsi que naît peu à peu l'Hospitalité Notre-Dame de Salut, association de laïcs dont l'histoire se confond avec celle du Pèlerinage national.

« *La charité des pèlerins multipliait les dévouements et délicatesses,* écrit en 1879 le P. Picard, responsable du pèlerinage. *Au cri des porteurs :* "Place aux malades !", *les plus empressés se rangeaient avec émotion et respect. Les laïcs s'unissaient aux prêtres pour les soulager, les grandes dames portaient les brancards comme les simples ouvrières, les employés de chemin de fer de tout rang et de tout grade s'unissaient aux directeurs de l'œuvre pour préparer les voies, transporter ces pauvres infirmes et les installer dans les wagons* » (Ruth Harris, *Lourdes*, 2001, J.-C. Lattès, p. 347).

Dans le sillage de l'Hospitalité Notre-Dame-de-Salut naît, en 1885, l'Hospitalité Notre-Dame de Lourdes, hospitalité d'accueil dans le sanctuaire de Lourdes, et se constitueront très vite de multiples hospitalités diocésaines pour prendre en charge les pèlerins malades des pèlerinages diocésains, et plus largement, l'ensemble des pèlerins.

SERVIR ET RENCONTRER LE CHRIST

Se mettre au service des pèlerins et, dans ces gestes et cette présence, servir et rencontrer le Christ lui-même, tel est le désir et l'engagement des hospitaliers, rejoignant la parole de Jésus : « Chaque fois que vous l'avez fait à l'un de ces plus petits de mes frères, c'est à moi que vous l'avez fait » (Matthieu 25, 40).

Le sacrement des malades

Qu'est-ce que l'onction des malades ?

Pour ceux qui traversent l'épreuve de la maladie dans la souffrance et l'angoisse, l'Église, à la suite des Apôtres, propose ce sacrement : l'onction d'huile, par laquelle est donnée, avec le pardon, la force de Dieu. Parce que la maladie apporte des perturbations profondes dans une vie (rupture avec les activités professionnelles, bouleversement dans la vie familiale, grande solitude, épreuve morale en même temps que physique, soucis et préoccupations multiples, interrogations parfois profondes), par le sacrement de l'onction, le Christ se rend proche du malade pour l'apaiser, lui rendre confiance, lui pardonner ses péchés et le fortifier face à l'épreuve et l'expérience de la fragilité.

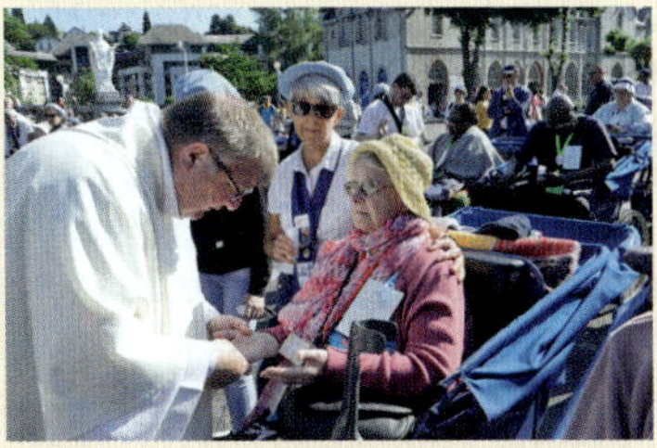

© SANCTUAIRE DE LOURDES - VIRON

À qui s'adresse ce sacrement ?

À ceux dont la santé est sérieusement atteinte par la maladie ou la vieillesse, quand les forces déclinent beaucoup. Ce peut être à la veille d'une opération importante, pour laquelle on a besoin de la force de Dieu, ou lorsque l'état de santé, physique ou psychique, se dégrade de façon importante et bouleverse la vie, ébranle aussi la confiance, lorsque la maladie marque un nouveau seuil...

Célébrer à nouveau ce sacrement ?

Certains cependant sont amenés à recevoir à nouveau ce sacrement, lorsque la maladie s'aggrave ou, après avoir recouvert la santé, en cas de nouvelle maladie sérieuse. Lourdes est un lieu particulier pour recevoir le sacrement de l'onction des malades.

Qui travaille au sanctuaire ?

Ils sont nombreux à œuvrer, comme salariés ou comme bénévoles pour que les pèlerins vivent un vrai pèlerinage, et pour les accompagner pastoralement.

Dans un sanctuaire, le prêtre qui a mission d'accueillir les pèlerins est appelé le recteur. Selon le lieu, il est nommé par l'évêque ou par la conférence des évêques. Les pèlerins venant nombreux au sanctuaire Notre-Dame de Lourdes, le recteur est entouré de chapelains, d'autres prêtres qui partagent avec lui la charge pastorale. La particularité du sanctuaire Notre-Dame de Lourdes est son aspect international. Les chapelains viennent eux-mêmes de plusieurs pays pour accueillir les pèlerins dans toutes les langues. Environ 25 prêtres sont à demeure au sanctuaire pour accueillir les pèlerins, les accompagner dans les démarches de pèlerinage, proclamer la parole de Dieu et célébrer la messe et les sacrements (notamment ceux de réconciliation et de pénitence).

De nombreuses communautés religieuses ont une maison à Lourdes, et plusieurs parmi elles sont également au service du sanctuaire. Il n'est pas rare de voir une religieuse guider les pèlerins à la grotte ou sur les pas de Bernadette.

Le sanctuaire Notre-Dame de Lourdes est aussi une véritable entreprise qui requiert des compétences dans tous les domaines. Quelque 250 personnes salariées y travaillent pour assurer l'accueil des pèlerins, la gestion du site et son entretien.

Enfin les bénévoles sont également très nombreux à Lourdes. Beaucoup viennent passer quelques jours pour aider le sanctuaire dans sa mission. Ce sont des pèlerins qui veulent rendre ce qu'ils ont reçu. Les nombreux malades qui viennent à

Au fait, un sanctuaire, c'est quoi ?

« Par sanctuaire on entend une église ou un autre lieu sacré où les fidèles se rendent nombreux en pèlerinage » (CIC 1230). Cette définition du sanctuaire est tirée du Code de droit canon. Le sanctuaire Notre-Dame de Lourdes est donc d'abord ce lieu sacré où les fidèles viennent nombreux. Il est centré sur la source au fond de la grotte. L'ensemble du domaine comporte trois basiliques, une église et de nombreuses chapelles pour accueillir les pèlerins.
Surtout, le sanctuaire, en tant que « lieu sacré » est d'abord le Christ, le corps du Christ, ou l'Église elle-même, en tant qu'espace sacré où se fait la rencontre entre l'homme et Dieu. À ce titre tous les pèlerins constituent sanctuaire !

Lourdes suscitent beaucoup de générosité. L'Hospitalité Notre-Dame de Lourdes compte plusieurs milliers de bénévoles du monde entier qui s'engagent à venir servir une semaine par an le sanctuaire. Nous les rencontrons à l'accueil des malades (accueil Notre-Dame et accueil Saint-Frai, cf. p 167-168), aux piscines pour baigner les pèlerins, à la gare pour accueillir les pèlerinages dès leur arrivée à Lourdes ou encore dans le sanctuaire pour aider au bon déroulement des grandes cérémonies internationales.

PRIER DANS LE SANCTUAIRE

Le sanctuaire est le « cœur de Lourdes ». Le pèlerin y est invité à une démarche de foi. À la grotte, il peut déposer ses intentions, toucher le rocher, accomplir le geste de l'eau. Au-delà du Gave, il fait brûler un cierge… La douce lumière est le témoin de la prière du pèlerin.

PRIER DANS LE SANCTUAIRE

1 TOUCHER LE ROCHER

2 PRIER EN SILENCE À LA GROTTE

3 ACCOMPLIR LE GESTE DE L'EAU :
- Boire aux fontaines
- Être baigné aux piscines
- Renouveler sa profession de foi baptismale

4 ALLUMER UN CIERGE

5 PUISER DE L'EAU DE LOURDES

La grotte

Pour Bernadette, ce fut un bonheur immense, indéfinissable, unique, de voir la *« Dame »* dans ce rocher, dans ce trou béant. Le ciel a visité la terre. Bernadette dira qu'elle aime prier à la grotte pour ses amis.

La grotte de Massabielle (Masse vieille) est située en bas de la ville dominée par le château fort. Jamais le soleil ne pénètre dans la roche noire de la grotte. En contraste, souriante, l'apparition irradie de lumière. La niche, où est posée la statue de la Vierge, marque l'endroit où Marie se tenait le plus souvent. Elle est une fenêtre éblouissante qui ouvre sur le royaume de Dieu.
Le fond de la grotte, la forme de la voûte et la niche de l'apparition n'ont pas changé depuis 1858. Par contre, pour retrouver le site tel que l'a connu Bernadette, il faut enlever le mur qui sert de socle à la basilique supérieure, avancer le cours du Gave et repérer sur le dallage l'indication du petit canal traversé par Bernadette le 11 février. Par ailleurs, le sol était pentu et le porcher y gardait les 120 à 150 cochons du village. Lorsque Marie apparaissait dans la niche, elle posait ses pieds sur un rosier, toujours présent et régulièrement en fleur.
Mise en place en 1864, la statue mesure 1,88 mètre, alors que Bernadette avait bien dit que l'apparition avait la même taille qu'elle, soit 1,44 mètre environ. La *« Dame »* de la statue apparaît aussi trop âgée et trop sérieuse. *« Non, ce n'était pas cela »*, reconnaîtra Bernadette.

PAROLE BIBLIQUE

« Je n'ai mon repos qu'en Dieu seul ; oui, mon espoir vient de lui.
Lui seul est mon rocher, mon salut, ma citadelle :
je reste inébranlable.
Mon salut et ma gloire se trouvent près de Dieu.
Chez Dieu, mon refuge, mon rocher imprenable ! »

Psaume 61, 6-8

PAROLE DE BERNADETTE

« Je vous promets que c'est bien rare si je passe un jour sans penser à vous autres et surtout quand j'ai le bonheur d'aller à la grotte, c'est là que j'aime à me rappeler mes amis aux pieds de cette bonne Mère. »

André Ravier, « Lettre à M. et Mme Duvroux », dans *Bernadette d'après ses lettres*, Lethielleux, 2002, p. 38

MÉDITATION

Le Ciel a choisi ce trou béant, ce lieu obscur où l'on gardait les porcs. Pourquoi ne pas avoir choisi un lieu plus prestigieux ? Le sommet d'une montagne ? L'église paroissiale ? Le Seigneur vient souvent nous chercher, nous retrouver dans nos zones d'ombre, dans nos obscurités. Pensons à Matthieu, que le Christ a appelé alors qu'il était assis à son bureau de publicain (Matthieu 9, 9-13), à Zachée (Luc 19, 1-10), à la Samaritaine (Jean 4).
Le rocher nous renvoie aussi au Christ, notre rocher, notre refuge. Fonder sa vie sur lui, c'est construire sur des bases solides. « Celui qui entend les paroles que je dis là et les met en pratique, dit Jésus, est comparable à un homme prévoyant qui a construit sa maison sur le roc. La pluie est tombée, les torrents ont dévalé, les vents ont soufflé et se sont abattus sur cette maison ; la maison ne s'est pas écroulée, car elle était fondée sur le roc » (Mt 7, 24-27). Sur quoi bâtissons-nous notre vie ?

GESTES PÈLERINS

★ **ME RENDRE À LA GROTTE.** Avec les pèlerins qui attendent en longues files aux jours d'affluence, je peux m'approcher du rocher, pressentant le mystère d'une rencontre qui peut me saisir, me guérir, me transformer. À l'entrée, je peux déposer une intention de prière. Je m'arrête ensuite entre la source et l'autel, pour prendre le temps de contempler la source, avant de rejoindre le fond obscur de la grotte où la Vierge Marie et Bernadette se sont retrouvées à plusieurs reprises. Je peux passer longuement la main sur le rocher. Puis, comme pour m'imprégner de la force de ce roc, poser la main sur mon propre corps : sur la poitrine, sur le front... Je peux aussi embrasser le rocher, y appuyer le front.

★ **ME RECUEILLIR EN SILENCE.** La grotte est un lieu de prière, de confiance, de paix, de respect, d'unité, de silence. Des bancs permettent de prendre le temps de se recueillir en présence de Marie, en présence des malades, de tous mes frères et sœurs en humanité, venus des quatre coins du globe.

©VINCENT CABANAC

PRIÈRE

Seigneur Jésus, toi mon rocher, mon roc, ma citadelle.
Sur toi je désire bâtir ma vie, mes projets, mon avenir.
Donne-m'en la force.
Seigneur Jésus, je te prie pour les millions de pèlerins
qui ont poli de leurs mains la roche de Massabielle.
Donne-leur force et douceur.

♪ CHANT

DIEU MON ROCHER (XT48-36 - BERNARD/WACKENHEIM/ADF-MUSIQUE)

℟ ***Dieu mon rocher, Dieu mon appui,***
Dieu mon rocher, sur toi je bâtis. *(bis)*

1. Fidèle est ton alliance,
Dieu des appels sans retour.
Réveille ma confiance,
Dieu qui demeures avec nous.
Que les torrents jamais n'emportent
Les murs bâtis sur ta parole !

3. Sans faille est ta patience,
Dieu qui connais notre cœur.
Tu veux ma délivrance,
Dieu qui m'envoies le Sauveur.
Quand la tempête en moi fait rage,
Avec ton Fils je peux combattre.

La source

Le 25 février 1858, la *« Dame »* demande à Bernadette de gratter le sol du fond de la grotte, en lui disant : *« Allez à la source, boire et vous y laver. »*

À ces mots, de l'eau boueuse commença à couler, suffisamment pour que Bernadette puisse en boire. Bernadette doit en fait se salir avec cette boue pour en boire. Étrangement, elle ressemble au Christ humilié, l'Agneau de Dieu qui enlève le péché du monde. Peu à peu, l'eau est devenue transparente, pure, limpide. Limpide comme l'Immaculée Conception, le nom que la *« Dame »* prononcera un mois plus tard, le 25 mars.

PAROLE BIBLIQUE

Jésus, debout dans le temple de Jérusalem, s'écria : « Si quelqu'un a soif, qu'il vienne à moi, et qu'il boive, celui qui croit en moi ! Comme dit l'Écriture : De son cœur couleront des fleuves d'eau vive. » En disant cela, il parlait de l'Esprit Saint qu'allaient recevoir ceux qui croiraient en lui.

Évangile de Jésus Christ selon saint Jean 7, 37b-39a

MÉDITATION

« Ils lèveront les yeux vers celui qu'ils ont transpercé » (Jn 19, 37). Si le rocher est une image du Christ, la source qui jaillit au pied du rocher est l'image du don de Dieu. En regardant la source, nous contemplons celui qui se donne à nous sans cesse, comme autrefois, alors que Jésus mourait sur la croix. Marie et le disciple que Jésus aimait regardaient vers Jésus, dont le cœur transpercé laissait échapper l'eau mêlée de sang. Passer à la grotte revient à nous tenir debout auprès de la croix de Jésus aux côtés de Marie. C'est la place du disciple que Jésus aime. La source est alors aussitôt ce fleuve d'eau vive que le prophète a vu jaillir du côté du Temple, et qui se transforme en un long et large fleuve, comme un torrent impétueux, qui porte la vie partout où il va et irrigue la terre. Sur ses rives poussent toutes sortes d'arbres fruits dont les feuilles servent de remède aux hommes (cf. Ez 47).

PAROLE DE BERNADETTE

« [La Dame] ajouta que je devais dire aux prêtres qu'ils devaient faire bâtir une chapelle, d'aller boire à la fontaine et m'y laver. (N'en voyant pas j'allai boire au Gave. Elle me dit que ce n'était pas là ; elle me fit signe avec le doigt en me montrant la fontaine. J'y fus ; je ne vis qu'un peu d'eau sale ; j'y portai la main. Je ne pus en prendre, je me mis à gratter ; après, je pus en prendre. Pendant trois fois, je l'ai jetée ; à la quatrième fois je pus en boire). »

André Ravier, *Bernadette d'après ses lettres*, Lethielleux, 2002, p. 15-16

GESTES PÈLERINS

★ **M'AGENOUILLER.** Marie demandait à Bernadette de se baisser et de baiser la terre en pénitence pour les pécheurs. Ceux qui le peuvent plieront le genou et feront ce geste de profonde humilité. On peut s'incliner plus simplement pour reconnaître la grandeur de l'amour de Dieu qui relève l'homme.

★ **ADORER L'EUCHARISTIE.** La démarche peut se prolonger dans l'adoration eucharistique à la chapelle de l'Adoration en face de la grotte, derrière l'église Sainte-Bernadette. Elle peut se prolonger également dans la procession eucharistique, chaque jour à 17 heures. Le Saint Sacrement du corps et du sang du Seigneur est porté en procession depuis le podium de la prairie, juste en face de la grotte, jusqu'à la basilique Saint-Pie-X où il est adoré. Puis on donne la bénédiction aux malades avec le Saint Sacrement.

PRIÈRE

Ô Jésus,
Donnez-moi, je vous prie, le pain de l'humilité,
le pain de l'obéissance, le pain de charité,
le pain de force pour rompre ma volonté et la fondre à la vôtre,
le pain de mortification intérieure,
le pain de détachement des créatures,
le pain de patience pour supporter
les peines que mon cœur souffre.
Ô Jésus, vous me voulez crucifiée, fiat,
le pain de force pour bien souffrir,
le pain de ne voir que vous seul en tout et toujours.
Jésus, Marie, la croix, je ne veux d'autres amis que ceux-là.

Sainte Bernadette Soubirous

CHANT

J'AI VU L'EAU VIVE (I132-1 - AELF/CFC/BERTHIER/SODEC)

1. J'ai vu l'eau vive jaillissant du cœur du Christ, Alléluia ! Alléluia !
Tous ceux que lave cette eau seront sauvés et chanteront
℟ ***Alléluia ! Alléluia ! Alléluia !***

2. J'ai vu la source devenir un fleuve immense, Alléluia ! Alléluia !
Les fils de Dieu rassemblés chantaient leur joie d'être sauvés,
℟ ***Alléluia ! Alléluia ! Alléluia !***

Le geste de l'eau

À la demande de la Vierge Marie, les pèlerins sont invités à boire et se laver dans l'eau de la source.

En mémoire des 18 apparitions, 18 fontaines ont été aménagées après la grotte, le long du mur, pour ce geste de l'eau. Pour faciliter l'accès à l'eau, trois rochers ont également été aménagés en fontaine. Un simple filet d'eau permet de recueillir ce qui est nécessaire pour une gorgée d'eau ou pour se laver le visage et les mains.
Ceux qui souhaitent prendre de l'eau en bouteille ou dans des bidons sont invités à se rendre au bord du Gave, au niveau des arcades, où des robinets « haut-débit » ont été aménagés à cet effet.

PAROLE BIBLIQUE

Jésus, sachant que le Père a tout remis entre ses mains, qu'il est sorti de Dieu et qu'il s'en va vers Dieu, se lève de table, dépose son vêtement, et prend un linge qu'il se noue à la ceinture; puis il verse de l'eau dans un bassin. Alors il se mit à laver les pieds des disciples et à les essuyer avec le linge qu'il avait à la ceinture. Il arrive donc à Simon-Pierre, qui lui dit: « C'est toi, Seigneur, qui me laves les pieds ? » Jésus lui répondit: « Ce que je veux faire, tu ne le sais pas maintenant; plus tard tu comprendras. » Pierre lui dit: « Tu ne me laveras pas les pieds; non, jamais ! » Jésus lui répondit: « Si je ne te lave pas, tu n'auras pas de part avec moi. » Simon-Pierre lui dit: « Alors, Seigneur, pas seulement les pieds, mais aussi les mains et la tête ! » Jésus lui dit: « Quand on vient de prendre un bain, on n'a pas besoin de se laver, sinon les pieds: on est pur tout entier. »

Évangile de Jésus Christ selon saint Jean 13, 3-10

PAROLE DE BERNADETTE

« Une seule goutte suffit. C'est la foi qu'il faut. »

GESTES PÈLERINS

★ **BOIRE AUX FONTAINES.** Aux fontaines, avec foi et confiance, je peux boire de l'eau de Lourdes, m'en passer sur le visage, sur les bras, sur les jambes… J'accompagne ce geste d'une prière, une demande, une supplication, une action de grâce, un merci.

★ **ÊTRE BAIGNÉ AUX PISCINES.** Les paroles de la Vierge Marie ont inspiré la création de bains (les piscines) dans lesquels je peux être baigné par des membres de l'Hospitalité de Lourdes. Ces bains de pierre sont remplis de l'eau de la fontaine. On se dévêt avec pudeur et on s'y plonge. Ce geste d'immersion est comme une prière de tout mon être, un geste d'abandon total en Dieu.

★ **RENOUVELER MA PROFESSION DE FOI BAPTISMALE.** Dans le cadre d'une démarche accompagnée d'un prêtre, celui-ci peut nous inviter à renouveler notre foi baptismale, la foi de notre baptême, la foi que nous renouvelons chaque année à Pâques.

Le prêtre s'adresse aux fidèles en ces termes ou d'autres semblables :
Frères et sœurs bien-aimés, (nous aussi) par le mystère pascal nous avons été mis au tombeau avec le Christ dans le baptême, afin qu'avec lui nous vivions d'une vie nouvelle. C'est pourquoi, renouvelons la renonciation à Satan que l'on fait lors du baptême, renouvelons notre profession de foi au Dieu vivant et vrai et à son Fils, Jésus Christ, dans la sainte Église catholique. Ainsi donc :

RENONCIATION

Le prêtre :
Pour vivre dans la liberté des enfants de Dieu, rejetez-vous le péché ? — ***Oui, je le rejette.***
Pour échapper au pouvoir du péché, rejetez-vous ce qui conduit au mal ? — ***Oui, je le rejette.***
Pour suivre Jésus Christ, rejetez-vous Satan qui est l'auteur du péché ? — ***Oui, je le rejette.***

PROFESSION DE FOI

Le prêtre :

Croyez-vous en Dieu le Père tout-puissant, créateur du ciel et de la terre ? ***— Nous croyons.***

Croyez-vous en Jésus Christ, son Fils unique, notre Seigneur, qui est né de la Vierge Marie, a souffert la passion, a été enseveli, est ressuscité d'entre les morts, et qui est assis à la droite du Père ? ***— Nous croyons.***

Croyez-vous en l'Esprit Saint, à la sainte Église catholique, à la communion des saints, au pardon des péchés, à la résurrection de la chair, et à la vie éternelle ? ***— Nous croyons.***

Que Dieu tout-puissant, Père de notre Seigneur Jésus Christ, qui nous a fait renaître par l'eau et l'Esprit Saint, et qui nous a accordé le pardon de tout péché, nous garde encore par sa grâce dans le Christ Jésus notre Seigneur pour la vie éternelle. ***— Amen.***

PRIÈRE

Seigneur Jésus, tu es la source de la vie,
comme tu l'as dit toi-même :
« Si quelqu'un a soif, qu'il vienne à moi et qu'il boive. »
Tu es la source où je m'abreuve et je me lave.
L'eau de la source m'a rappelé aussi mon baptême,
qui fait de nous des créatures nouvelles.
Viens raviver la grâce de mon baptême.
Je t'en remercie de tout mon cœur.

CHANT

TU ES DEVENU ENFANT DE DIEU (N507 - BOURGEOIS/REVEL/GOUZES/ABBAYE DE SYLVANÈS)

℟ ***Tu es devenu enfant de Dieu et frère de Jésus, alléluia !***
Aujourd'hui l'Esprit repose en toi et chante alléluia !

Déposer un cierge

Le 19 février 1858, Bernadette s'est rendue à la grotte, pour la première fois, avec un cierge bénit. C'est de son geste qu'est née l'habitude de déposer et d'allumer un cierge. Les cierges sont la trace de la prière de tant de gens, qui ont apporté le poids souvent immense des intentions de beaucoup d'autres.

Lors de la 17e apparition, le 7 avril 1858, Bernadette retourne à la grotte avec un gros cierge tellement lourd qu'elle le pose devant elle. Alors que la Vierge Marie lui apparaît, la prière se prolonge et le cierge brûle. Sans que Bernadette s'en aperçoive, ses mains glissent et se referment sur la flamme qui lèche ses doigts. Ceux qui voient cela craignent qu'elle se brûle. Mais personne ne bouge. À la fin de l'apparition, un médecin se précipite vers Bernadette pour constater que ses mains n'ont aucune marque de brûlure. Depuis ce jour, le geste de la lumière a pris beaucoup d'ampleur. On ne peut compter le nombre de cierges qui brûlent ici, à Lourdes, tout au long de l'année. Cierges qui prolongent la prière de milliers de pèlerins. Prière de demande pour des malades, pour des personnes dans la détresse, pour affronter la maladie, pour apprendre à pardonner, pour remercier suite à une grâce obtenue. On trouve dans le sanctuaire des cierges pour accomplir cette démarche d'offrande. Au cœur de la nuit, lors de la procession mariale, la prière autour de la lumière se prolonge.

PAROLE BIBLIQUE

***« Le Seigneur est ma lumière et mon salut ;
de qui aurais-je crainte ?
Le Seigneur est le rempart de ma vie ;
devant qui tremblerais-je ? »***

Psaume 26, 1

MÉDITATION

Les cierges nous rappellent que le Christ est lumière pour le monde. Venu dans le monde, il illumine toutes les ténèbres : ténèbres de nos fautes, ténèbres de nos angoisses, de nos soucis, de nos dépressions, de nos maladies, de nos désillusions. Chacun porte en lui sa part d'ombres, chacun a besoin de recevoir la lumière du Seigneur, qui est notre lumière (cf. Jean 8, 12). Lors de la vigile pascale, le cierge allumé au feu symbolise le Christ ressuscité. Nous recevons de petites lumières, qui sont autant d'appels à devenir lumières pour nos proches, pour notre famille, pour nos collègues, pour nos amis.

PAROLE DE BERNADETTE

— Il te faut prendre quelque chose de bénit, dit tante Bernarde à sa nièce Bernadette.

— Voulez-vous demander à tante Lucile son cierge de congréganiste [de la congrégation des enfants de Marie] *? a répondu Bernadette.*

GESTES PÈLERINS

★ **RECEVOIR LA LUMIÈRE POUR DEVENIR LUMIÈRE DU CHRIST.** Dans le cadre d'une démarche accompagnée d'un prêtre, celui-ci peut redire les mots adressés aux nouveaux baptisés, des mots d'espérance, des mots exhortant à marcher à la suite du Christ.

Le prêtre :

Vous êtes devenus lumières dans le Christ. Marchez comme des enfants de lumière. Demeurez fidèle à la foi de votre baptême. Alors quand le Seigneur viendra, vous pourrez aller à sa rencontre avec tous les saints et vivre avec lui pour toujours. — ***Amen.***

★ **DÉPOSER ET ALLUMER UN CIERGE.** À la suite de Bernadette, je suis invité à déposer et allumer mes cierges sur la rive droite du Gave, aux chapelles de Lumière. Le climat y est propice au recueillement et à la prière.

PRIÈRE

Seigneur Jésus, lumière du monde, je te présente ce cierge.
Qu'il symbolise mon désir de te faire l'offrande de ma vie.
Réchauffe mon cœur, brûle tout égoïsme.
Que ce cierge symbolise mes prières pour ma famille,
mes collègues, mes amis, ma paroisse, tous ceux
qui ont demandé que je prie pour eux en ce lieu béni.
Que ta lumière illumine le monde entier.

CHANT

QU'ÉCLATE DANS LE CIEL (IL111-1 - AELF/TROUILLET/MAME LE C)

1. Qu'éclate dans le ciel la joie des anges,
Qu'éclate de partout la joie du monde,
Qu'éclate dans l'Église la joie des fils de Dieu !
La lumière éclaire l'Église,
La lumière éclaire la terre : peuples, chantez !

℟ ***Nous te louons, splendeur du Père, Jésus, Fils de Dieu !***

2. Voici dans la nuit la victoire,
Voici dans la nuit la lumière,
Voici la liberté pour tous les fils de Dieu :
Ô nuit qui vit la lumière,
Ô nuit qui vit le Seigneur ressusciter ! ℟

3. Amour infini de notre Père,
Suprême témoignage de tendresse,
Vous livrez votre Fils pour sauver tous vos enfants.
Bienheureuse faute d'Adam,
Qui valut au monde de pécheurs le Rédempteur ! ℟

4. Victoire qui rassemble ciel et terre,
Victoire qui remet les fils au Père,
Victoire pour l'Église et pour tous ses enfants :
Ô Père, voici votre peuple,
Ô Père accueillez vos enfants en Jésus Christ ! ℟

5. Que brille à tout jamais cette lumière,
Que brille dans nos cœurs la joie du Père,
Que brille dans l'Église la joie des fils de Dieu :
Ô nuit si lourde de mystère,
Ô nuit si riche de clarté, ô nuit d'amour ! ℟

6. Seigneur, nous vous prions en l'unité de votre Église.
Avec notre pape et notre évêque :
Daignez nous accorder votre secours,
Daignez guider nos pas sur le chemin,
Daignez nous conserver en votre sainte paix :
Ô Père, accordez à la terre,
Ô Père, accordez votre grâce
et votre amour,
Et que règne la paix, la justice et l'amour,
Et que passent tous les hommes
De cette terre à votre maison
par Jésus Christ ! ℟

La procession aux flambeaux

La démarche de la lumière peut se prolonger, le soir, lors de la procession mariale.

En cette heure de l'entrée dans la nuit, la terre emplie de lumière semble doucement effleurer le ciel, accueillant son mystère et sa clarté. La procession mariale, appelée aussi procession aux flambeaux, a lieu chaque jour à 21 heures, et offre l'un des visages les plus beaux de Lourdes.

♪ AVE MARIA DE LOURDES

DEV70 - LE BAS/LESBORDES/TRAD./WHITE/LETHIELLEUX

℟ ***Ave, Ave, Ave Maria !*** *(bis)*

1. Le fond de la roche
s'éclaire à l'instant :
la Dame s'approche,
fait signe à l'enfant. ℟

2. « Venez, je vous prie,
ici, quinze fois,
avec vos amies,
entendre ma voix. » ℟

3. Avec insistance,
la Dame, trois fois,
a dit : « Pénitence. »
Chrétien, c'est pour toi ! ℟

4. « À cette fontaine
venez et buvez ;
dans l'eau pure et saine
allez vous laver. » ℟

5. « Je veux qu'ici même,
au pied de ces monts,
le peuple que j'aime
vienne en procession. » ℟

6. « Et qu'une chapelle
bâtie en ce lieu,
aux hommes rappelle
qu'il faut prier Dieu. » ℟

7. « Marie est venue
chez nous, dix-huit fois ;
l'enfant qui l'a vue
est digne de foi. » ℟

8. La grotte où l'on prie,
dispense la paix ;
c'est là que Marie
répand ses bienfaits. ℟

9. On voit la fontaine
couler sans tarir
et la foule humaine
passer sans finir. ℟

10. Aux grâces nouvelles
sachons obéir.
Car Dieu nous appelle
à nous convertir. ℟

11. Le Dieu qui pardonne
absout le pécheur ;
la grâce rayonne
au nom du Sauveur. ℟

12. À l'heure dernière,
pour nous, les pécheurs,
veuillez, sainte Mère,
prier le Sauveur. ℟

PRIER LE ROSAIRE

***« Le chapelet est ma prière de prédilection : je suis d'ailleurs trop ignorante pour en composer une »*, écrivait sainte Bernadette dans une de ses lettres. Avec le rosaire, nous nous confions à Marie, Mère de Dieu, notre mère à tous.**

Le psautier de Marie

Le chapelet est un « petit chapeau » ou une sorte de couronne. On avait coutume, au Moyen Âge, de couronner de roses les statues de la Vierge, chaque rose symbolisant une prière, d'où le mot de rosaire. À l'origine, un rosaire comprenait cent cinquante Je vous salue Marie, qui rappellent les cent cinquante psaumes de la Bible, et on appelait le rosaire le « psautier de Marie ».
Le rosaire a longtemps compté quinze mystères, répartis en trois séries : les mystères joyeux, douloureux et glorieux. En 2002, dans sa lettre apostolique *Rosarium Virginis Mariae*, le pape Jean-Paul II a ajouté cinq nouveaux mystères, les mystères lumineux, traçant ainsi une immense fresque de la foi.

Un chapelet de roses

Le Je vous salue Marie a grandi peu à peu dans la piété de l'Église, pour ne se fixer dans sa forme définitive que vers 1500. Pourtant, dès le XIIe siècle, saint Bernard contribua à développer cette prière à Marie, sous la forme naissante du chapelet ou du rosaire.
Saint Dominique, au siècle suivant, en répandit l'usage, prescrivant à ses religieux de porter un chapelet à leur ceinture. La grande peste de 1349, qui ravagea tous les royaumes d'Europe, amena les foules à un surcroît de piété, qui contribua également à l'essor de la piété mariale. Cette prière prit le nom de rosaire au siècle suivant. C'est en effet au rosaire que fut attribuée la victoire de Lépante, en 1571.
La fête de Notre-Dame du Rosaire, célébrée le 7 octobre, fut instituée par Pie V en 1573 pour remercier Marie de cette victoire. Et l'ensemble du mois d'octobre, durant lequel, comme au mois de mai, on prie particulièrement la Vierge, est volontiers appelé le mois du rosaire.

Le chapelet

Un chapelet comprend 5 séries de 10 perles correspondant à des Je vous salue Marie et 4 perles plus espacées. L'extrémité est formée d'une croix suivie de 5 perles. On commence le chapelet par la croix et les 5 perles qui suivent, en récitant les prières correspondantes (voir légende). Puis on poursuit avec les dizaines de Je vous salue Marie. Les dizaines commencent toujours par un Notre Père et se terminent toujours par un Gloire au Père. Avant chacune d'elles, on médite sur l'un des cinq mystères de la vie du Seigneur.

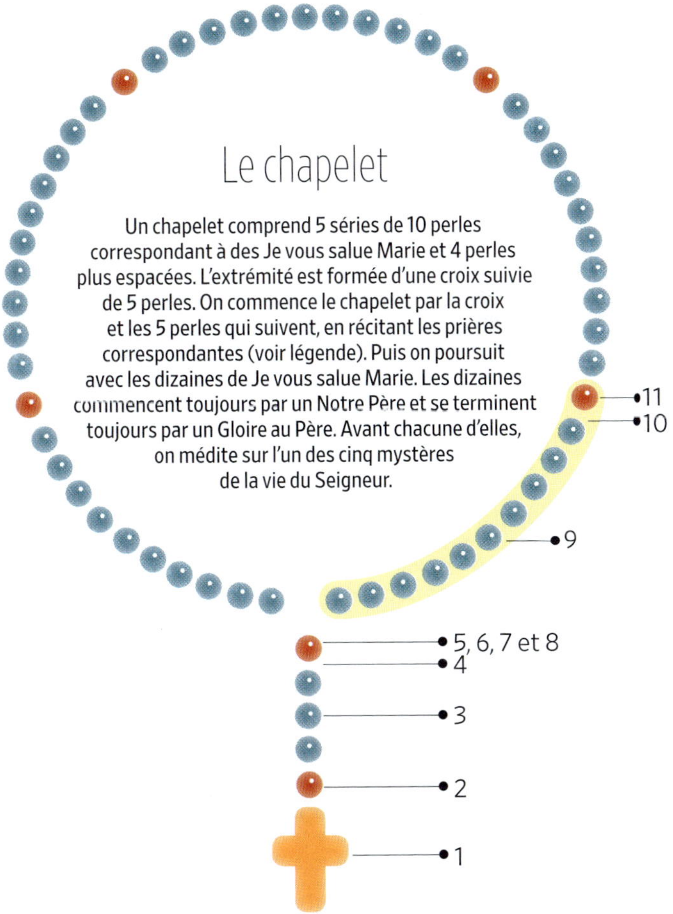

1. Faire le signe de croix et réciter le Credo
2. Un Notre Père
3. Trois Je vous salue Marie
4. Un Gloire au Père
5. Énoncer le 1er mystère
6. Lire la méditation et la parole de Bernadette
7. Énoncer les intentions
8. Dire le Notre Père
9. Dix Je vous salue Marie
10. Un Gloire au Père
11. Énoncer le 2e mystère, un Notre Père, etc.

1. Mystères joyeux

1er MYSTÈRE : L'ANNONCIATION (LC 1, 26-38 ; MT 1, 18-25)

FRUIT DU MYSTÈRE : L'HUMILITÉ

MÉDITATION

Marie, lorsque l'ange Gabriel te dévoile ta mission de mère du Fils de Dieu, ton acquiescement est un « oui » paisible, un « oui » assuré, inébranlable, un « oui » pour les nuits de détresse et les jours de lumière. « Qu'il me soit fait selon ta parole », garantis-tu à l'Ange. Comme toi, Bernadette n'a eu de cesse d'offrir son existence à Dieu… avec détermination.

PAROLE DE BERNADETTE

« Fiat… Mère, si le Seigneur veut que je demeure sur la terre, faites que ma vie soit un long acte de reconnaissance et d'amour. Fiat… S'il veut me rappeler à lui, obtenez qu'il purifie mon cœur de toute souillure. Fiat… pour la vie. Fiat… pour la souffrance. Fiat… pour la mort. Fiat… toujours, ô Mère, en votre doux cœur. »

Confions nos intentions…
Dire le Notre Père, dix Je vous salue Marie et un Gloire au Père.

2[E] MYSTÈRE : LA VISITATION (LC 1, 39-55)

FRUIT DU MYSTÈRE : L'AMOUR DU PROCHAIN

MÉDITATION

Après avoir sillonné les routes de Judée, flamboyante est ton allégresse, Marie, lors de ta visite à ta cousine Élisabeth. En son sein le Baptiste, le Précurseur trépigne, cabriole. Car tes entrailles hébergent l'Emmanuel, l'Enfant-Dieu. Si seulement l'enchantement de vos retrouvailles, nous inspirait une bienveillance radieuse pour nos proches.

PAROLE DE BERNADETTE

« Ma bien-aimée sœur, je commence ma lettre par te souhaiter un bon alléluia, ainsi qu'à toute la famille et mes autres parents. Je te prie de les embrasser tous pour moi, dis-leur mille choses affectueuses de ma part, ne m'oublie pas auprès des enfants que j'aime toujours. Dis-leur d'être bien sages, et de dire un petit Je vous salue pour moi tous les jours, particulièrement quand ils iront à ma chère grotte. »

André Ravier, « Lettre à sa sœur Marie », dans *Bernadette d'après ses lettres*, Lethielleux, 2002, p. 59

Confions nos intentions…

Dire le Notre Père, dix Je vous salue Marie et un Gloire au Père.

3ᴱ MYSTÈRE : LA NATIVITÉ DE JÉSUS À BETHLÉEM (MT 2, 1-12 ; LC 2, 1-20)

FRUIT DU MYSTÈRE : LA PAUVRETÉ

MÉDITATION

En apprenant la joyeuse nouvelle sous un ciel où une étoile scintille plus que toute autre, les bergers furent enivrés de bonheur. Comment ? Ce sont à des laissés-pour-compte que des anges musiciens font part de la naissance de Jésus ! Bernadette, tu devais bien t'amuser de cette singulière dépêche. Toi aussi, tu as gardé les agneaux. Sur toi également, le ciel s'est penché.

PAROLE DE BERNADETTE

« Quels sont les présents des bergers ? Non pas l'or, l'encens et la myrrhe, mais le lait, les fruits et les agneaux... Et l'Agneau se donne à eux. Marie le leur présente. Comme ils le serrent dans leurs bras, sur leur cœur ! Ô Marie, gardez Jésus dans mon cœur ! »

Confions nos intentions...
Dire le Notre Père, dix Je vous salue Marie et un Gloire au Père.

4[E] MYSTÈRE : LA PRÉSENTATION DE JÉSUS AU TEMPLE (LC 2, 22-40)

FRUIT DU MYSTÈRE : L'OBÉISSANCE ET LA PURETÉ

MÉDITATION

Un couple de tourterelles ou un duo de menues colombes. Marie et Joseph, voilà votre obole au Temple, lors de la présentation à Dieu de votre tendre Jésus. C'est le présent non des nantis, mais des modestes, des humbles. Comme Bernadette. Elle n'avait point de luxuriance à consacrer au Seigneur, mais une offrande primordiale, vitale, celle de tout son être.

PAROLE DE BERNADETTE

« Eh quoi ! quand un Dieu se donne à moi, balancerai-je à me donner tout à lui ? Ah, Seigneur, agréez l'offrande que je vous fais de moi-même ; je n'ai à vous présenter que deux oboles : mon corps et mon âme ; accordez-moi la grâce d'en faire généreusement le sacrifice. »

Confions nos intentions...

Dire le Notre Père, dix Je vous salue Marie et un Gloire au Père.

5e MYSTÈRE : JÉSUS EST RETROUVÉ AU TEMPLE (LC 2, 41-52)

FRUIT DU MYSTÈRE : LA RECHERCHE DE DIEU EN TOUTES CHOSES

MÉDITATION :

Jésus, lorsque jeune garçon tu t'es attardé au Temple, tes parents frissonnaient d'effroi. À juste titre. Leur tourment était à la mesure de leur amour. Loin de te rebiffer, toi, le plus libre des enfants des hommes, tu réponds à leur anxieuse affection par ton humble soumission. Un jour, en s'extasiant de ta divine gloire, ils comprendront le mystère de ton abaissement choisi.

PAROLE DE BERNADETTE :

« Pour que Jésus croisse… il faut que je diminue. Il croîtra à proportion que je diminuerai… Si je ne diminue pas, je l'empêche de croître. Pourquoi est-il si petit en moi ? C'est que moi je ne suis pas assez petite, pas assez humble ; que je devienne donc humble enfin, que je m'humilie donc, et Jésus croîtra. »

Confions nos intentions…

Dire le Notre Père, dix Je vous salue Marie et un Gloire au Père.

2. Mystères lumineux

1ER MYSTÈRE : LE BAPTÊME ET LA MISSION DE JÉSUS (MT 3, 13-17)

FRUIT DU MYSTÈRE : RAVIVER EN NOUS LA GRÂCE DE NOTRE BAPTÊME

MÉDITATION

Jésus, au moment où tu t'extrais de l'onde après ton baptême, les cieux s'illuminent. Une voix paternelle résonne : « C'est toi, mon Fils bien-aimé, en toi j'ai mis tout mon amour. » Né de Dieu, tu brises le joug des peuples, joug de mal et de mort. En nous, le Père estampe cette même et amoureuse déclaration : nous sommes les enfants bien-aimés du Seigneur.

PAROLE DE BERNADETTE

« Il n'importe pas de faire beaucoup de choses et des choses éclatantes, mais la volonté de Dieu, parce que c'était là tout l'évangile, toute la vie de notre Seigneur. Pour la plus grande gloire de Dieu, l'important n'est pas de faire beaucoup, mais de bien faire. »

Confions nos intentions...
Dire le Notre Père, dix Je vous salue Marie et un Gloire au Père.

2[E] MYSTÈRE : LES NOCES DE CANA (JN 2, 1-11)

FRUIT DU MYSTÈRE : L'AMOUR DE L'ÉGLISE

MÉDITATION

Marie, sublime est ton audace. Découvrant que le vin de la noce vient de tarir, tu en avises ton fils, escomptant un gai miracle. Devant ses apparentes réticences, tu ne te laisses pas démonter : « Faites tout ce qu'il vous dira », ordonnes-tu aux serviteurs. Tu pressentais que Jésus interviendrait. Marie, nous te remettons notre indigence, pour que tu t'en ouvres à ton fils.

PAROLE DE BERNADETTE

« Quelles que soient les bonnes intentions, c'est toujours une erreur, illusion et faute que d'aller contre la volonté de Dieu ; en la suivant, il n'y a plus d'illusion à craindre. Parce que c'est le vrai secret de la plus haute perfection. Parce que c'est le moyen de glorifier Dieu en tout… Ce n'est pas assez [de faire la volonté de Dieu], il faut en venir à aimer pratiquement, par-dessus tout, cette sainte volonté de Dieu. »

Confions nos intentions…

Dire le Notre Père, dix Je vous salue Marie et un Gloire au Père.

3^E^ MYSTÈRE : L'ANNONCE DU ROYAUME DE DIEU (MC 1, 15)

FRUIT DU MYSTÈRE : LA CONVERSION

MÉDITATION

Jésus, depuis les Apôtres, ton Évangile s'est diffusé de terroirs en contrées éloignées. Aujourd'hui, c'est à nous qu'il revient de clamer l'exquise nouvelle de ton amour. Peut-être n'en avons-nous ni l'énergie ni l'envie, car nous nous heurtons à l'incompréhension et à l'indifférence. Vaste est le champ de la moisson. Jésus suscite notre bravoure.

PAROLE DE BERNADETTE

« Serviteur d'un grand maître, le champ qui nous est donné à défricher est grand et vaste ; de grandes difficultés surgiront incessamment sous nos pieds ; le démon et le monde se plairont à nous les grossir. Mais nous, nous n'avons pas à nous les exagérer ; nous en triompherons avec l'aide de la grâce. »

Confions nos intentions...

Dire le Notre Père, dix Je vous salue Marie et un Gloire au Père.

4E MYSTÈRE : LA TRANSFIGURATION (LC 9, 28-36)

FRUIT DU MYSTÈRE : LA GRÂCE D'UNE VIE INTÉRIEURE

MÉDITATION

Assister à ta Transfiguration. Nous en aurions bien eu le désir, même si elle fut un éclair furtif. Comme ces instants de suavité spirituelle, qui enthousiasment notre vie de foi. Car leur souvenir se grave dans les cœurs. Pareillement, fugaces, les apparitions à Bernadette demeurent, pour des milliers de pèlerins, un doux trésor, un nard d'une valeur inestimable.

PAROLE DE BERNADETTE

« La vie chrétienne n'a pas seulement ses combats et ses épreuves, elle a aussi ses consolations. Et si du Thabor il faut aller au Calvaire, du Calvaire on revient au Thabor avec Jésus. Là est l'avant-goût du ciel. L'âme ne fait qu'un chemin, du Golgotha au Thabor. Elle sort du Golgotha pour aller chercher force et courage au Thabor. La vie est cette échelle. »

Confions nos intentions…

Dire le Notre Père, dix Je vous salue Marie et un Gloire au Père.

5^{E} MYSTÈRE : L'INSTITUTION DE L'EUCHARISTIE (MT 26, 26-29 ; MC 14, 22-25 ; LC 22, 15-20 ; 1 CO 11, 23-26)

FRUIT DU MYSTÈRE : LA FOI EN LA PRÉSENCE RÉELLE

MÉDITATION :

À l'eucharistie, nous goûtons, ô Jésus, à ton infinie tendresse. Guéris, consolés, confortés, vivifiés, dynamisés par le pain des anges, à notre tour nous sommes pétris en cette « manne », pour un parent, pour un voisin, pour un malade. Nous les épaulons, les aidons à quitter leurs servitudes de solitude, de désespoir, de drogue, d'alcool, tous leurs chemins de mort.

PAROLE DE BERNADETTE

« L'eucharistie pour l'âme tourmentée est un bain de lumière et d'amour. C'est alors qu'elle goûte cette parole : Venez, vous qui êtes malades, je vous referai. »

Confions nos intentions...
Dire le Notre Père, dix Je vous salue Marie et un Gloire au Père.

3. Mystères douloureux

1ER MYSTÈRE : L'AGONIE DE JÉSUS (MT 26, 36-50 ; MC 14, 32-46 ; LC 22, 39-48 ; JN 18, 1-8)

FRUIT DU MYSTÈRE : LE REGRET DE NOS PÉCHÉS

MÉDITATION :

Par ta vie, par ton intelligence et tes propos, Jésus, toi le juste parmi les justes, tu importunes et tu fâches. Ton sort, une mort infâme, n'a rien d'enviable. Mais tu persistes dans ta mission. Ton Père veille sur toi. Quoi que tu traverses, vents et marées, tu demeures dans la main de Dieu. C'est la part de Bernadette, des bienheureux, de tous ceux qui t'offrent leur existence.

PAROLE DE BERNADETTE

« Ô très compatissant cœur de mon Jésus, de mes larmes, chaque cri de ma douleur, comme supplication pour ceux qui souffrent, pour tous ceux qui pleurent, pour tous ceux qui vous oublient. »

Confions nos intentions...
Dire le Notre Père, dix Je vous salue Marie et un Gloire au Père.

2E MYSTÈRE : LA FLAGELLATION DE JÉSUS (MT 27, 26 ; MC 15, 15 ; JN 19, 1)

FRUIT DU MYSTÈRE : LA MAÎTRISE DES SENS

MÉDITATION :

Idéal du serviteur, ô Christ, tu endures la brutalité, la furie, les insultes. Les outrages te broient le cœur, et nul soutien à l'horizon. T'assimilant à toutes les victimes de trahisons et d'injustices, pour elles tu te durcis la face et affrontes ton destin avec opiniâtreté. Vive est notre gratitude pour un tel Dieu, pour un tel maître, un tel ami.

PAROLE DE BERNADETTE

« Dans quelques souffrances physiques ou morales, mépris ou humiliation de la part de mes supérieures ou de mes compagnes, remercier de suite notre Seigneur comme d'une grande grâce.

Confions nos intentions...

Dire le Notre Père, dix Je vous salue Marie et un Gloire au Père.

3E MYSTÈRE : LE COURONNEMENT D'ÉPINES

(MT 27, 27-31 ; MC 15, 16-20 ; JN 18, 37 ; JN 19, 2-15)

FRUIT DU MYSTÈRE : LA GUÉRISON DE NOTRE ORGUEIL

MÉDITATION :

Le désespoir peut semer insouciance et légèreté désabusées. *« Puisque rien n'a de sens, autant brûler la chandelle par les deux bouts »,* marmonnent certains. Ne permets pas que nous glissions dans la désespérance et le cynisme. Même dans la grisaille de la maladie, dans l'ombre du doute, dans la noirceur du malheur, Seigneur Jésus, prête-nous main-forte.

PAROLE DE BERNADETTE

Le cœur de Jésus est entouré d'une épaisse forêt de ronces et d'épines : abandon, humiliation, trahison, mépris, calomnie, exil, travaux, faim... persécution, fausse accusation... souffleté, traité de fou, de scélérat, d'imposteur ! »

Confions nos intentions...

Dire le Notre Père, dix Je vous salue Marie et un Gloire au Père.

4E MYSTÈRE : LE PORTEMENT DE CROIX

(MT 27, 31-33 ; MC 15, 20-22 ; LC 23, 26-32 ; JN 19, 16-17)

FRUIT DU MYSTÈRE : LA PATIENCE DANS LES ÉPREUVES

MÉDITATION :

Comme la croix est massive, pesante. À trois reprises, ô Christ, tu gis à même la poussière. Resteras-tu prostré, dans l'attente d'un prodige ? C'eût été fuir ta mission : tracer un sillon d'espérance pour tous les peuples. En sueur de sang, voûté, tu repars. Pour nous, souvent paralysés. À ta suite, donne-nous, Seigneur, d'avancer boiteux au lieu de demeurer enlisés.

PAROLE DE BERNADETTE

« Portons et embrassons la croix que notre bon Jésus nous présente ; demandons-lui, ainsi qu'à la très sainte Vierge, force et courage, afin de la porter à leur exemple, sans nous laisser abattre. »

Confions nos intentions...

Dire le Notre Père, dix Je vous salue Marie et un Gloire au Père.

5[E] MYSTÈRE : LA MORT DE JÉSUS SUR LA CROIX

(MT 27, 34-61 ; MC 15, 23-47 ; LC 3, 33-56 ; JN 19, 18-42)

FRUIT DU MYSTÈRE : UN AMOUR PLUS GRAND POUR JÉSUS

MÉDITATION :

Tu ne joues pas la comédie. Ta soif est extrême, ton corps est une plaie vive, ton sentiment d'abandon est incommensurable : « Mon Dieu, mon Dieu, pourquoi m'as-tu abandonné ? » Ton cri rejoint celui de Job, astreint à se gratter dans la cendre. Ta souffrance d'homme-Dieu fait écho à celle du cancéreux en phase terminale, du prisonnier condamné à perpétuité, de l'enfant battu, violé, inconsolable.

PAROLE DE BERNADETTE

« Méditer souvent sur les souffrances que Marie, notre bonne mère, endura au pied de la croix où son cher fils était cloué. Qu'elle dût être profonde la douleur dans ce cœur si sensible de la Mère de Jésus [...] Tout autre femme que Marie se serait affaissée en présence d'une si cruelle douleur... Elle se tient debout au pied de la croix ! »

Confions nos intentions...

Dire le Notre Père, dix Je vous salue Marie et un Gloire au Père.

4. Mystères glorieux

1ER MYSTÈRE : LA RÉSURRECTION (MT 28, 1-15 ; MC 16, 1-18 ; LC 24, 1-12 ; JN 20, 1-28)

FRUIT DU MYSTÈRE : LA FOI

MÉDITATION :

Au commencement de la sainte nuit de Pâques, tous les yeux sont rivés sur le feu naissant, devenant brasier, grâce auquel le prêtre allume le cierge pascal. De cierge en cierge, la chaude flamme se distille dans l'assemblée. Longtemps contenue, la joie illumine les visages et éclate en exultation : *« Christ est vivant »* ! Ta résurrection, ô Christ, ravive la ferveur de notre foi.

PAROLE DE BERNADETTE

« Je suis prête à tout entreprendre, bien persuadée que le prodige que vous avez opéré pour récompenser la foi de Marthe n'est que l'annonce de la résurrection glorieuse que vous daignerez m'accorder si je réponds à ma vocation. »

Confions nos intentions...
Dire le Notre Père, dix Je vous salue Marie et un Gloire au Père.

2e MYSTÈRE : L'ASCENSION (LC 24, 39-53 ; MC 16, 19-20 ; AC 1, 6-9)

FRUIT DU MYSTÈRE : L'ESPÉRANCE

MÉDITATION :

Quarante jours après ta Résurrection, ô Jésus, une nuée te soustrait au regard de tes disciples. Deux anges leur enjoignent d'être sans crainte. Ton Ascension n'est pas la marque d'un abandon. Ta présence prend d'autres modalités, jusqu'au jour où tu reviendras dans ta gloire. D'ici là, tu comptes sur nous pour être, comme Bernadette, des témoins enjoués de ton amour.

PAROLE DE BERNADETTE

« N'oublie pas que notre Seigneur nous dit de chercher d'abord le royaume de Dieu, et que tout le reste nous sera donné par surcroît (Mt 6,33). »

Confions nos intentions...
Dire le Notre Père, dix Je vous salue Marie et un Gloire au Père.

3E MYSTÈRE : LA PENTECÔTE (AC 1, 14 – 2, 47)

FRUIT DU MYSTÈRE : LA DESCENTE DU SAINT-ESPRIT DANS NOS CŒURS

MÉDITATION :

Notre Père, ton Esprit est le plus formidable présent dont tu nous gratifies. Même si nous préférons des réponses concrètes à nos prières, des solutions tangibles à nos difficultés. Quel bonheur d'être mus par ton Souffle Saint. Notre vie, gratifiée de ses dons – force, conseil, sagesse – porte ses fruits – joie, paix, patience, douceur – et brille d'une clarté nouvelle.

PAROLE DE BERNADETTE

« Mon Jésus, mettez tant d'amour en mon cœur, qu'un beau jour il se brise pour aller à vous ! Vous le savez, mon Jésus, je vous place comme un cachet sur mon cœur, restez-y toujours ! »

Confions nos intentions…

Dire le Notre Père, dix Je vous salue Marie et un Gloire au Père.

4e MYSTÈRE : L'ASSOMPTION DE MARIE (2 R 2, 11 ; TRADITION ; LG 59)

FRUIT DU MYSTÈRE : LA GRÂCE D'UNE BONNE MORT

MÉDITATION :

Marie, depuis que tu as été assumée en Dieu, tu sillonnes les sentes célestes. À Massabielle, Bernadette a obtenu la faveur de te contempler dans ta douce félicité, dans ton bonheur imprenable. C'est le signe que ce doux séjour ne te retient pas d'accompagner nos existences de ta maternelle tendresse… en attendant de nous retrouver dans la gloire éternelle.

PAROLE DE BERNADETTE

« Que mon âme était heureuse, bonne Mère, quand j'avais le bonheur de vous contempler ! Que j'aime à me rappeler ces doux moments passés sous vos yeux pleins de bonté et de miséricorde pour nous. »

Confions nos intentions…

Dire le Notre Père, dix Je vous salue Marie et un Gloire au Père.

5E MYSTÈRE : LE COURONNEMENT DE MARIE DANS LE CIEL

(AP 12, 1 ; TRADITION ; LG 59 ET 68)

FRUIT DU MYSTÈRE : UNE PLUS GRANDE DÉVOTION À MARIE

MÉDITATION :

Prier le rosaire. Avec toi Marie, à Nazareth, nous sommes stupéfaits par l'annonce de l'ange Gabriel. À Bethléem, nous nous prosternons devant le nourrisson. Nous errons dans Jérusalem, affolés, en quête du jeune Jésus. Au pied de la croix, nous gémissons et nous pleurons... avec toi. Au cénacle, nous prions avec ardeur... avec toi. En priant le rosaire, nous communions aux moments cruciaux de la vie de ton fils.

PAROLE DE BERNADETTE

« Il faudra cependant conduire son âme et cheminer vers Marie alors, son cœur immaculé, sa douce mémoire, son souvenir maternel doivent être le repos, le gîte où l'on se retire... Ah ! certes, comme elle a fait sa route au milieu des fatigues et des épreuves ! »

Confions nos intentions...

Dire le Notre Père, dix Je vous salue Marie et un Gloire au Père.

LES CITATIONS DE BERNADETTE SONT TIRÉES DE LE ROSAIRE AVEC BERNADETTE (ABBAYE DE CHAMBARAND, TRADITIONS MONASTIQUES, 2019),

© ADOBE STOCK

LE CHEMIN DE CROIX

« *Ô Jésus, Jésus, je ne sens plus ma croix quand je songe à la vôtre !* », confiait Bernadette. En vivant le chemin de croix, prions Dieu pour ceux qui souffrent et pour la conversion des pécheurs.

Les chemins de croix de Lourdes

Au XIIe siècle, des dévotions liées à la Passion commencent à se développer : pietà, plaies du Christ, Sainte Face. Au XIIIe siècle, avec l'arrivée des franciscains en Terre sainte, les pèlerins de Jérusalem prennent l'habitude de se recueillir dans la ville sur les lieux supposés de la passion du Christ. Peu à peu, ces moments de recueillement se structurent en un parcours comportant diverses étapes. Voilà l'origine du chemin de croix, qui sera officiellement promu par le Saint-Siège au XVII et XVIIIe siècles. Le nombre de stations est alors fixé à 14.

LE CHEMIN DE CROIX DES ESPÉLUGUES, sur la colline ou dans la montagne, s'étend sur près de 1500 mètres. Le premier chemin de croix a été tracé en 1884 et remplacé en 1912 par celui que nous connaissons aujourd'hui. Les 15 stations sont jalonnées de 115 statues en fonte patinée.

LE CHEMIN DE CROIX DES MALADES a été réalisé à partir de 2001, à l'initiative de Mgr Perrier, évêque de Tarbes et Lourdes, par l'artiste Maria de Faykod. Situé sur la prairie, le long du Gave, il est particulièrement accessible aux pèlerins à mobilité réduite.

PRIER LE CHEMIN DE CROIX

PRIÈRE ET PÉNITENCE POUR LES PÉCHEURS

À la demande de la Vierge Marie à Lourdes, le peuple chrétien s'engage dans un chemin de pénitence pour la conversion et le salut des pécheurs. Il s'agit de vivre en communion avec Jésus lors de sa passion rédemptrice. Par le baptême, devenus membres du corps du Christ, nous sommes en communion avec lui lorsqu'il opère et accomplit notre salut. Notre vie elle-même participe au salut en Christ pour notre prochain, pour les pécheurs. Le but de ce chemin de croix est d'offrir notre vie, afin qu'elle participe avec le Christ au salut pour nos frères pécheurs.

SANCTUAIRE DE LOURDES - DURAND

LE CHEMIN DE CROIX

STATION I | JÉSUS EST CONDAMNÉ À MORT

Jésus porte notre condamnation liée au péché.

Jésus, lui, le juste, est condamné à mort. Lorsqu'il sera sur la croix, un des larrons crucifiés avec lui dira : « Pour nous, c'est juste [...]. Mais lui, il n'a rien fait de mal » (cf. Lc 23, 41). Cette condamnation injuste, Jésus la porte à notre place. Il est venu subir la condamnation des pécheurs pour nous en libérer. « Je ne suis pas venu appeler des justes, mais des pécheurs » (cf. Mt 9, 13). Jésus fait pénitence pour tous les pécheurs.

STATION II | JÉSUS EST CHARGÉ DE SA CROIX

Jésus accomplit la pénitence pour nos péchés.

Jésus reçoit cette croix à porter comme une mission à accomplir. Il accomplit notre salut. Marie demande à Bernadette de venir à la grotte de Massabielle pendant quinze jours. Marie lui confie une mission. Ce sera de prendre sa part à la peine de Jésus pour le salut des pécheurs. En faisant ce chemin de croix, nous faisons pénitence avec Jésus pour tous les pécheurs.

STATION III | JÉSUS TOMBE UNE PREMIÈRE FOIS

Nous adorons pour ceux qui n'adorent pas.

Jésus tombe sur les genoux sous le poids de la croix. Cette première chute peut nous rappeler le premier homme, qui perd sa dignité en refusant d'adorer Dieu. Dès la première apparition, Bernadette tombe à genoux devant la *« belle Dame »*. Par l'adoration et par le signe de croix de la première apparition, elle est établie en communion avec Marie et avec Jésus. Marie la regarde *« comme une personne »*. En pliant le genou comme Bernadette, nous faisons pénitence et prions pour tous ceux qui n'adorent pas.

STATION IV | JÉSUS RENCONTRE SA MÈRE

Marie participe à la rédemption.

La Vierge Marie participe entièrement à la passion de son Fils. En communion avec lui, elle compatit à sa peine pour tous les péchés des hommes. Elle qui est Immaculée Conception, elle seule peut nous demander d'y prendre part avec elle. Ainsi elle demande à Bernadette de prier et de faire pénitence pour les pécheurs.

STATION V | SIMON DE CYRÈNE PORTE LA CROIX DERRIÈRE JÉSUS

Les peines subies avec cœur participent au salut des hommes.
Simon est réquisitionné au hasard. La croix de Jésus lui tombe sur les épaules sans qu'il l'ait demandé. Aucune vie n'est épargnée de difficultés, grandes ou petites, accablantes parfois. Nous pouvons espérer qu'aucune épreuve ne soit trop lourde pour être subie. Toute épreuve est une participation à la croix de Jésus. Par elle, nous pouvons nous unir au Christ souffrant.

STATION VI | VÉRONIQUE ESSUIE LE VISAGE DE JÉSUS

Les actes de charité participent au salut des hommes.
Véronique traverse la foule pour essuyer le visage tuméfié de Jésus. Ce visage est resté imprimé sur le voile pour que nous en fassions mémoire. Bernadette était animée d'une attirance invincible vers la grotte pour voir la *« belle Dame »*. Que nos cœurs soient animés de la même charité pour courir au service de nos frères. Par nos gestes de charité, nous prenons part à l'amour du Christ.

STATION VII | JÉSUS TOMBE UNE DEUXIÈME FOIS

Nous confessons nos péchés.

Jésus tombe face contre terre. Son visage est sali par la poussière du chemin. À la demande de la *« Dame »*, Bernadette va se laver à la source et... souille son visage de boue. C'est l'image de l'homme, tiré de la glaise par Dieu, retombé dans la boue par le péché, et qui néglige de se laver dans le sacrement de réconciliation. En nous invitant à nous laver à la source, la Vierge Marie nous encourage à nous laisser réconcilier par Dieu. En nous lavant à la source, nous faisons pénitence et prions pour tous ceux qui ne se confessent pas.

STATION VIII | JÉSUS RENCONTRE LES FEMMES DE JÉRUSALEM

Le péché est le plus grand des maux.

Jésus demande aux femmes de pleurer sur elles plutôt que sur lui. Car lui est le Sauveur. Il est en train de réaliser notre salut. Pécheurs, si nous ne nous tournons pas vers Jésus par la foi et l'espérance, nous péririons, rappelle Jésus : « Si vous ne vous convertissez pas, vous périrez tous de même » (cf. Lc 13, 3.5). Aussitôt après la première apparition, Bernadette court se confesser.

STATION IX | JÉSUS TOMBE UNE TROISIÈME FOIS

Nous communions au corps du Christ.

Jésus en tombant mange la poussière du sol. La « *Dame* » demande à Bernadette de manger de l'herbe dans la grotte. C'est l'image de l'homme pécheur. En nous invitant à boire à la source, la Vierge Marie nous encourage à vivre de l'eucharistie et à méditer la parole de Dieu. En buvant à la source, nous faisons pénitence et prions pour tous ceux qui ne participent pas à la messe.

STATION X | JÉSUS EST DÉPOUILLÉ DE SES VÊTEMENTS

Les malades participent au salut des pécheurs.

Jésus dépouillé de ses vêtements, défiguré par les bourreaux, se retrouve dans la même situation qu'Adam après avoir péché : nu. Adam est le père de toute l'humanité déchue et perdue. Jésus qui prend la position d'Adam nous engendre à la vie nouvelle éternelle. Les malades dont le corps est dépendant sont en communion avec Jésus et participent au salut des pécheurs.

STATION XI | JÉSUS EST CLOUÉ SUR LA CROIX

Les humiliés réparent pour tous les orgueilleux.

Jésus est cloué et exhibé sur la croix. C'est là qu'il nous donne sa vie. C'est donc là son véritable trône d'amour sur lequel il règne. Son amour consiste à aimer, alors qu'il n'est pas aimé. Les humiliations subies peuvent être offertes à Jésus cloué en croix, qui donne sa vie pour tous les péchés d'orgueil et de domination.

STATION XII | JÉSUS MEURT SUR LA CROIX

Jésus se fait source.

Paradoxe. C'est lorsque Jésus est mort qu'il devient vraiment source de vie. « Ma vie, j'ai le pouvoir de la donner et de la reprendre. » Jésus est maître de la vie. En mourant, il réconcilie tous les pécheurs, répare tous les péchés, et redonne la vie à tous les hommes. Rien ne pourra épuiser Jésus, source d'eau vive jaillissant pour la vie éternelle. Ici, par notre foi, nous participons au mystère du salut de tous.

STATION XIII | JÉSUS, DÉTACHÉ DE LA CROIX, EST REMIS À SA MÈRE

Consacrer notre vie à Marie.

Juste avant de mourir, Jésus a confié tout le genre humain à Marie. Elle est devenue la Mère de tous les hommes. C'est le dernier acte que Jésus devait faire pour accomplir notre salut. Mort, il repose une dernière fois dans les bras de Marie. De Bethléem au Golgotha, Jésus est dans les bras de Marie, et nous avec lui ! Consacrer notre vie à Marie est le meilleur chemin pour prier et faire pénitence pour les pécheurs.

STATION XIV | JÉSUS EST DÉPOSÉ AU TOMBEAU

Persévérer dans la prière.

Le tombeau est le symbole de la mémoire. C'est le temps de l'attente, de la patience et de l'espérance. C'est le temps de la fidélité à la parole de Dieu et à sa promesse. Seul Jésus rend efficace notre prière et donne de la valeur à notre espérance et à l'offrande de notre vie pour les pécheurs. Il s'agit de persévérer dans la prière, sûrs que notre prière est écoutée, exaucée, et porte du fruit au-delà de ce que nous pouvons voir.

RÉSURRECTION !

Notre prière est exaucée.

Dans la foi, la Vierge Marie sait que Jésus sauve tous les hommes à travers sa passion et sa mort. Marie sait que le sacrifice de son Fils nous acquiert le salut. Comme Jésus a été vainqueur du péché, il sera vainqueur de la mort elle-même, conséquence du péché. La résurrection de Jésus est le signe de cette victoire. Nous avons obtenu le pardon de nos péchés. La résurrection signe la victoire de l'amour de Dieu.

Texte : Don Anne-Guillaume Vernaeckt, chapelain du sanctuaire

VIVRE LES SACREMENTS

***« C'est dans le cœur de Jésus que je trouverai la vraie consolation »*, assurait Bernadette. À Lourdes, les pèlerins peuvent goûter à la tendresse de Dieu à travers les sacrements de réconciliation, des malades et de l'eucharistie.**

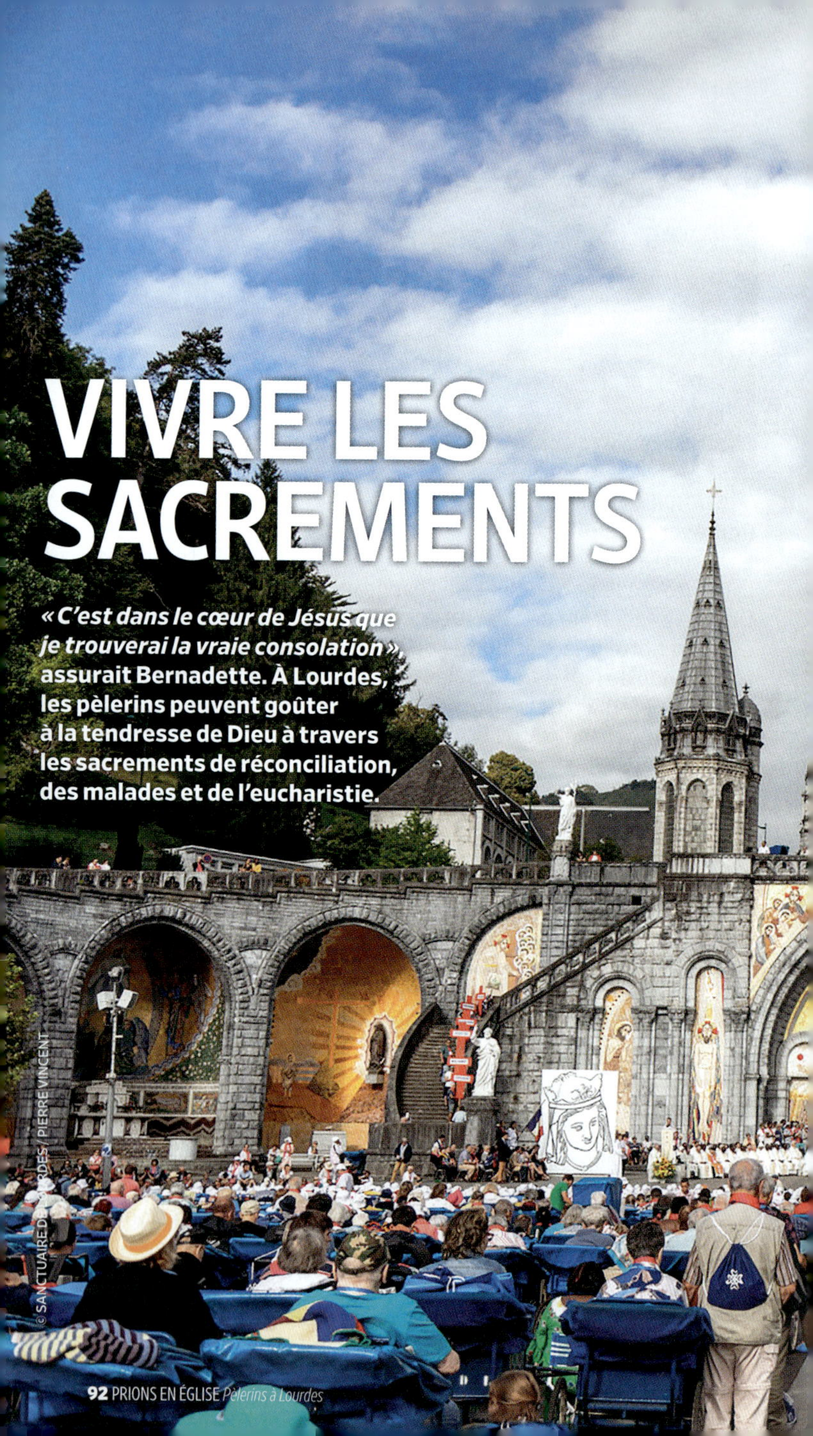

Le sacrement des malades

Durant les pèlerinages organisés, les personnes malades ont souvent l'occasion de vivre ce sacrement, cette rencontre privilégiée avec Dieu.

Il est essentiel de se préparer à ce sacrement : en parlant avec des personnes proches, de confiance, et en accueillant le pardon de Dieu dans le sacrement de réconciliation. Si vous êtes un pèlerin individuel, il vous est aussi possible de recevoir le sacrement des malades. Manifestez-vous au centre d'information. *« Si les circonstances y invitent, la célébration du sacrement peut être précédée du sacrement de pénitence et suivie du sacrement de l'eucharistie »* (*Catéchisme de l'Église catholique*, § 1517)

PAROLE DE BERNADETTE

« Portons et embrassons la croix que notre bon Jésus nous présente ; demandons-lui, ainsi qu'à la très sainte Vierge, force et courage, afin de la porter à leur exemple, sans nous laisser abattre.

Abbaye de Chambarand, « Lettre 1871 », *Le Rosaire avec Bernadette*, Traditions monastiques, 2019

PAROLE BIBLIQUE

« L'un de vous est malade ? Qu'il appelle les Anciens en fonction dans l'Église : ils prieront sur lui après lui avoir fait une onction d'huile au nom du Seigneur. Cette prière inspirée par la foi sauvera le malade : le Seigneur le relèvera et, s'il a commis des péchés, il recevra le pardon. »

Lettre de saint Jacques (5, 14-15)

PRIER

Seigneur, avec le roi David, je te supplie :
« Écoute, Seigneur, réponds-moi,
car je suis pauvre et malheureux.
Veille sur moi qui suis fidèle, ô mon Dieu,
sauve ton serviteur qui s'appuie sur toi.
Prends pitié de moi, Seigneur, toi que j'appelle chaque jour.
Seigneur, réjouis ton serviteur : vers toi, j'élève mon âme !
Toi qui es bon et qui pardonnes,
plein d'amour pour tous ceux qui t'appellent,
écoute ma prière, Seigneur, entends ma voix qui te supplie.
Je t'appelle au jour de ma détresse,
et toi, Seigneur, tu me réponds.
Aucun parmi les dieux n'est comme toi,
et rien n'égale tes œuvres. » **(Psaume 85, 1-8)**
Tu sais combien la maladie est lourde à porter.
Par moments, je suis découragé, perdu,
écrasé sous le poids de la souffrance.
À travers le sacrement des malades,
donne-moi toutes les grâces dont j'ai besoin :
la force, le courage et, si tel est ton désir, la guérison.

Conclure par un Notre Père, dix Je vous salue Marie et un Gloire au Père.

Le sacrement de réconciliation

Ce sacrement s'adresse à tous ceux qui savent qu'ils ont besoin de la force de Dieu pour vivre la vie nouvelle du Royaume, à tous ceux qui désirent le pardon de Dieu pour devenir ainsi témoins de sa réconciliation.

Dans le sacrement de réconciliation, l'amour de Dieu nous fait le don de son pardon pour que nous puissions, réconciliés avec lui, avec nos frères et avec la création tout entière, vivre de la vie nouvelle des enfants de Dieu et nous mettre, avec le Christ, dans la justice, au service de la réconciliation de tous les hommes. Pour se préparer à ce sacrement, voici une méditation à partir de l'évangile de la guérison de l'aveugle-né.

PAROLE DE BERNADETTE

« Nous n'avons qu'une chose à faire, c'est de beaucoup prier la Très Sainte Vierge, afin qu'elle veuille bien intercéder pour nous tous auprès de son cher Fils, et nous obtenir pardon et miséricorde. »

Abbaye de Chambarand, « Lettre 1870 », *Le Rosaire avec Bernadette*, Traditions monastiques, 2019

PAROLE BIBLIQUE

***En ce temps-là, Jésus vit un homme aveugle de naissance.
Ses disciples l'interrogèrent : « Rabbi, qui a péché,
lui ou ses parents, pour qu'il soit né aveugle ? »
Jésus répondit : « Ni lui, ni ses parents n'ont péché.
Mais c'était pour que les œuvres de Dieu se manifestent en lui.
Il nous faut travailler aux œuvres de Celui qui m'a envoyé,
tant qu'il fait jour ; la nuit vient où personne ne pourra plus
y travailler. Aussi longtemps que je suis dans le monde,
je suis la lumière du monde. »
Cela dit, il cracha à terre et, avec la salive, il fit de la boue ;***

*puis il appliqua la boue sur les yeux de l'aveugle, et lui dit :
« Va te laver à la piscine de Siloé » – ce nom se traduit : Envoyé.
L'aveugle y alla donc, et il se lava ; quand il revint, il voyait.
Jésus le retrouva et lui dit : « Crois-tu au Fils de l'homme ? »
Il répondit : « Et qui est-il, Seigneur, pour que je croie en lui ? »
Jésus lui dit : « Tu le vois, et c'est lui qui te parle. »
Il dit : « Je crois, Seigneur ! » Et il se prosterna devant lui.*

Évangile de Jésus Christ selon saint Jean (9, 1-7.35-38)

© SANCTUAIRE DE LOURDES - PIERRE VINCENT

« L'aveugle-né de l'évangile est le symbole de l'homme aveuglé par la boue du péché. Il a besoin d'être lavé pour voir et croire en Jésus. Quiconque rencontre Jésus dans le bain du baptême reçoit le pardon de ses péchés, et ses yeux s'ouvrent pour croire en Jésus, le Fils de Dieu. À Lourdes, l'eau et la lumière de la grotte rappellent les gestes du baptême. En se lavant dans l'eau de la source, le pèlerin ouvre les yeux et découvre qu'il a besoin du pardon de Dieu pour ses péchés.
Dans le sacrement de réconciliation et de pénitence, le baptisé qui se reconnaît pécheur demande pardon à Dieu. Il avance ensuite en enfant de lumière, fortifié dans la foi. »

Don Anne-Guillaume Vernaeckt,
chapelain du sanctuaire

CONTEMPLER LE TABLEAU

À travers la démarche de demande de pardon, je demande au Seigneur d'illuminer mon cœur et d'en chasser les zones d'ombre. Pour m'y aider, j'observe ce tableau de la guérison de l'aveugle-né. J'observe les couleurs, la composition, les formes, les attitudes et les gestes des personnages. Est-ce pour moi une image de la miséricorde ?

EXAMEN DE CONSCIENCE

« Je suis dans le monde,
je suis la lumière du monde » (Jn 9, 5).

Je me mets en présence de Dieu, qui m'aide à cheminer sur la voie de l'amour. Avant de passer en revue mes péchés, je prends conscience de son amour débordant. Il veut pour moi la vie. Lumière du monde, il éclaire mes pas. J'écris une prière pour le remercier de sa présence bienveillante à mes côtés.

Cela dit, il cracha à terre et, avec la salive, il fit de la boue ; puis il appliqua la boue sur les yeux de l'aveugle (Jn 9, 6).

Quelles boues nauséabondes me rendent injuste avec les autres ? L'égoïsme ? L'hypocrisie ? L'orgueil ? La jalousie ? La critique implacable ? Le manque de respect ? L'impureté ? Le jugement ? Le mensonge ?

Jésus dit à l'aveugle :
« Va te laver à la piscine de Siloé » (Jn 9, 7).

Prendre un bon bain. Quel bonheur. Je me sens tout propre, fleurant les délicieux effluves de mon gel douche. Et le Christ ? Comment ai-je à cœur d'exhaler son doux parfum ? Dieu occupe-t-il la première place dans ma vie ? Lui ai-je manqué de respect ? Quelle est la place de la prière ? Et de la messe ?

Le Christ et le mendiant. La guérison de l'homme né aveugle. Andreï Mironov.

Jésus dit à l'aveugle : « Crois-tu au Fils de l'homme ? » Il répondit : « Et qui est-il, Seigneur, pour que je croie en lui ? » Jésus lui dit : « Tu le vois, et c'est lui qui te parle. » Il dit : « Je crois, Seigneur ! » Et il se prosterna devant lui. (Jn 9, 35-38)

« J'ai tardé à t'aimer, Beauté si ancienne et si neuve, j'ai tardé à t'aimer ! [...] Tu as brillé par éclairs et par vives lueurs et tu as balayé ma cécité. Tu as exhalé ta bonne odeur, je l'ai respirée et je m'essouffle après toi » (Saint Augustin, *Confessions*, Livre X). Quand je me confesse, Dieu me lave de mes péchés et me revêt du vêtement blanc. Comme l'aveugle, je lui exprime ma reconnaissance et mon désir de l'aimer chaque jour.

ACTES DE CONTRITION

« Mon Dieu, j'ai un très grand regret de vous avoir offensé parce que vous êtes infiniment bon, infiniment aimable, et que le péché vous déplaît.
Je prends la ferme résolution, avec le secours de votre sainte grâce de ne plus vous offenser et de faire pénitence. »

OU BIEN

« Mon Dieu, j'ai péché contre toi et contre mes frères. Mais près de toi se trouve le pardon. Accueille mon repentir, et donne-moi la force de vivre selon ton amour. »

PRIÈRE D'ACTION DE GRÂCE

Mon Père,
Comme l'aveugle,
Qui t'a demandé de lui ouvrir les yeux,
je suis revenu vers toi, espérant ta lumière,
Comme la Samaritaine,
éblouie par tes paroles de vérité et de réconfort,
je suis venu vers toi, source vive, tendresse inépuisable.
Comme le fils prodigue,
revenu vers son père après une longue errance,
je suis revenu vers toi, confiant en ta miséricorde.
Seigneur Dieu,
Comme le père guettant le retour de son fils,
Tu m'attendais, pressé de me manifester ton amour.
Tu m'a prodigué ton pardon, ta miséricorde,
C'est pourquoi, avec joie, je te dis :
« Merci, merci de tout cœur.
Soutiens-moi pour que je te reste fidèle.
Et si je venais à m'égarer à nouveau,
Que je me précipite dans tes bras. »

Amen.

L'eucharistie

Prolongement de la messe, la procession eucharistique est, entre tous, un chemin de grâces. Comme les foules de Galilée, le pèlerin y acclame son Seigneur et en reçoit la vie.

Chaque jour à Lourdes, durant la saison des pèlerinages, les pèlerins sont ainsi invités à se joindre à ce moment de grâce. Les personnes malades sont placées derrière le Saint Sacrement, à côté des médecins. Si vous êtes dans cette situation, le mieux est de vous renseigner au centre d'information (voir page 161).

PAROLE DE BERNADETTE

« L'eucharistie, pour l'âme tourmentée, est un bain de lumière et d'amour. C'est alors qu'elle goûte cette parole : "Venez, vous qui êtes malades, je vous referai" » (Mt 11, 28).

Abbaye de Chambarand, « Lettre 1875 », *Le Rosaire avec Bernadette*, Traditions monastiques, 2019

PAROLE BIBLIQUE

Jésus disait : « Moi, je suis le pain de la vie. Au désert, vos pères ont mangé la manne, et ils sont morts ; mais le pain qui descend du ciel est tel que celui qui en mange ne mourra pas. Moi, je suis le pain vivant, qui est descendu du ciel : si quelqu'un mange de ce pain, il vivra éternellement. Le pain que je donnerai, c'est ma chair, donnée pour la vie du monde. »

Évangile de Jésus Christ selon saint Jean (6, 48-51)

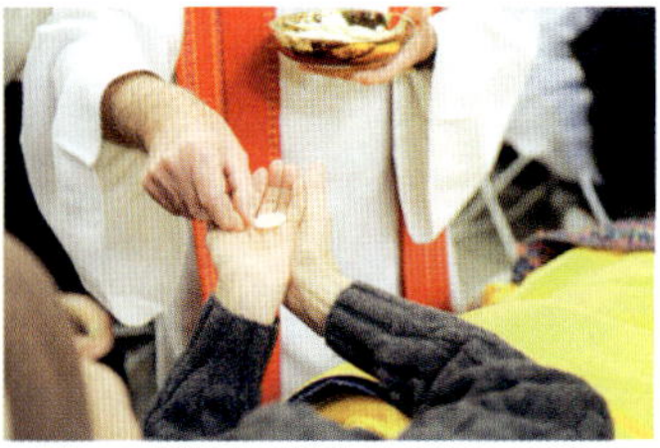

MÉDITATION

« Dans la vie nous avons continuellement besoin de nous nourrir, et non seulement d'aliments, mais aussi de projets et d'affection, de désirs et d'espérance. Nous avons faim d'être aimés. Mais les compliments les plus appréciés, les cadeaux les plus beaux et les technologies les plus avancées ne suffisent pas, ne nous rassasient jamais complètement. L'eucharistie est un aliment simple, comme le pain, mais c'est l'unique qui rassasie, parce qu'il n'y a pas d'amour plus grand. Là nous rencontrons réellement Jésus, nous partageons sa vie, nous sentons son amour ; là tu peux faire l'expérience que sa mort et sa résurrection sont pour toi. Et quand tu adores Jésus dans l'eucharistie, tu reçois de lui l'Esprit Saint et tu trouves paix et joie. »

Pape François (Homélie du 3 juin 2018)

PRIER

Tantum ergo, Sacramentum
Veneremur cernui :
Et antiquum documentum,
Novo cedat ritui :
Praestet fides supplementum,
Sensuum defectui.

Genitori, Genitoque,
Laus et jubilatio :
Salus, honor, virtus quoque,
Sit et benedictio :
Procedenti ab utroque,
Compar sit laudatio.

Adorons donc, prosternés
un si grand sacrement ;
que l'ancien rite
cède la place à ce nouveau mystère :
que la foi supplée
à la faiblesse de nos sens.

Qu'au Père et au Fils
soient honneur et louange,
salut, gloire, puissance
et bénédiction :
même hommage à celui qui
procède de l'un et de l'autre.

Hymne au Saint Sacrement

129
LOURDES

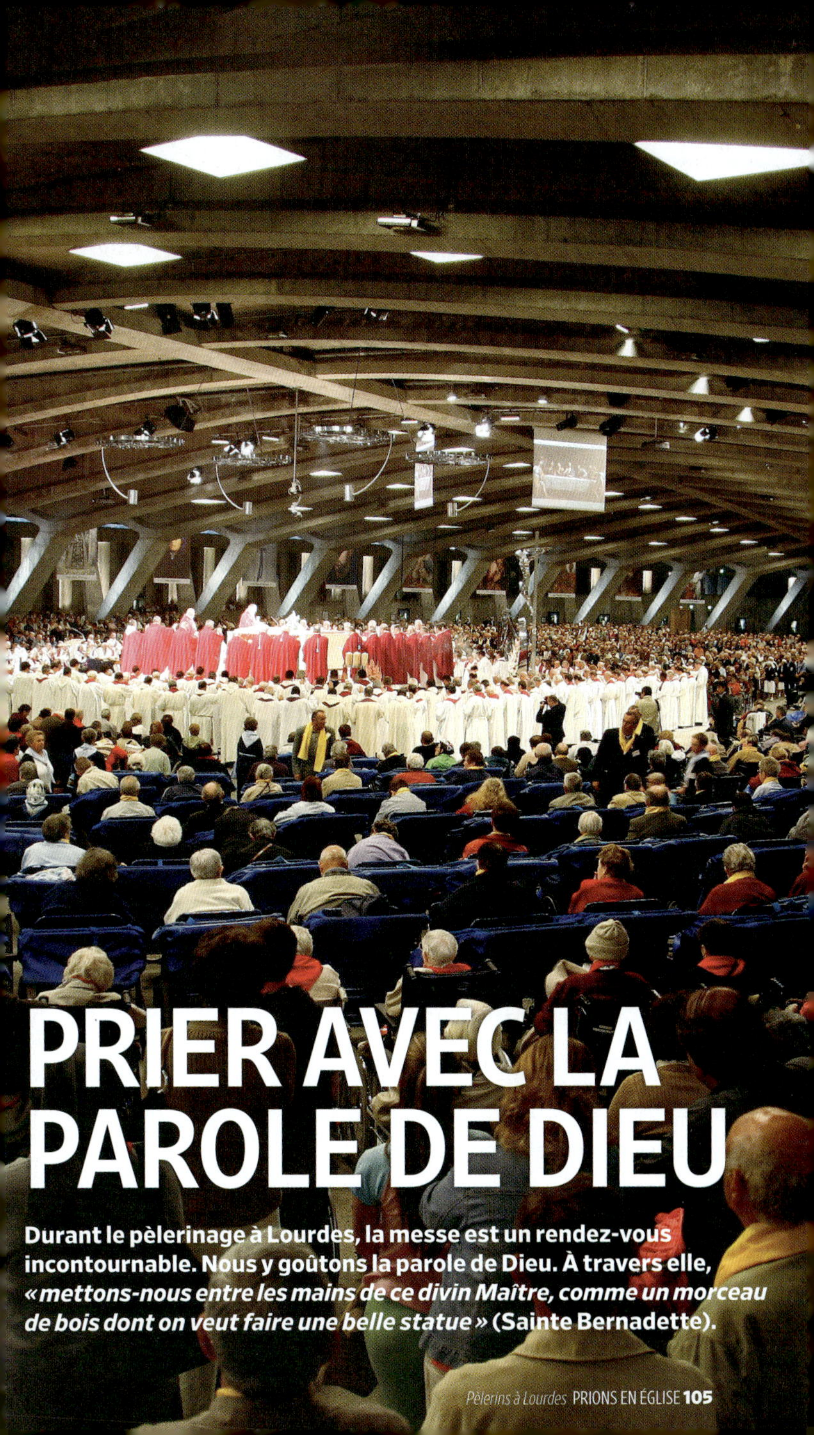

PRIER AVEC LA PAROLE DE DIEU

Durant le pèlerinage à Lourdes, la messe est un rendez-vous incontournable. Nous y goûtons la parole de Dieu. À travers elle, *« mettons-nous entre les mains de ce divin Maître, comme un morceau de bois dont on veut faire une belle statue »* (Sainte Bernadette).

Messe de Notre-Dame de Lourdes 11 FÉVRIER

Lecture du livre d'Isaïe (66, 10-14c)

Réjouissez-vous avec Jérusalem ! Exultez en elle, vous tous qui l'aimez ! Avec elle, soyez pleins d'allégresse, vous tous qui la pleuriez ! Alors, vous serez nourris de son lait, rassasiés de ses consolations ; alors, vous goûterez avec délices à l'abondance de sa gloire. Car le Seigneur le déclare : « Voici que je dirige vers elle la paix comme un fleuve et, comme un torrent qui déborde, la gloire des nations. » Vous serez nourris, portés sur la hanche ; vous serez choyés sur ses genoux. Comme un enfant que sa mère console, ainsi, je vous consolerai. Oui, dans Jérusalem, vous serez consolés. Vous verrez, votre cœur sera dans l'allégresse ; et vos os revivront comme l'herbe reverdit. Le Seigneur fera connaître sa puissance à ses serviteurs.
– Parole du Seigneur.

Cantique Livre de Judith (13, 18b-19b)

℟ ***Tu es la joie, tu es l'honneur***
de notre peuple, Vierge Marie

Bénie sois-tu, ma fille, par le Dieu Très-Haut,
plus que toutes les femmes de la terre ;
et béni soit le Seigneur Dieu,
Créateur du ciel et de la terre. ℟

Car le Seigneur t'a dirigée
pour frapper à la tête le chef de nos ennemis.
Jamais l'espérance dont tu as fait preuve
ne s'éloignera du cœur des hommes. ℟

Évangile de Jésus Christ selon saint Jean (2, 1-11)

En ce temps-là, il y eut un mariage à Cana de Galilée. La mère de Jésus était là. Jésus aussi avait été invité au mariage avec ses disciples. Or, on manqua de vin. La mère de Jésus lui dit : « Ils n'ont pas de vin. » Jésus lui répond : « Femme, que me veux-tu ? Mon heure n'est pas encore venue. » Sa mère dit à ceux qui servaient : « Tout ce qu'il vous dira, faites-le. » Or, il y avait là six jarres de pierre pour les purifications rituelles des Juifs ; chacune contenait deux à trois mesures, (c'est-à-dire environ cent litres). Jésus dit à ceux qui servaient : « Remplissez d'eau les jarres. » Et ils les remplirent jusqu'au bord. Il leur dit : « Maintenant, puisez, et portez-en au maître du repas. » Ils lui en portèrent. Et celui-ci goûta l'eau changée en vin. Il ne savait pas d'où venait ce vin, mais ceux qui servaient le savaient bien, eux qui avaient puisé l'eau. Alors le maître du repas appelle le marié et lui dit : « Tout le monde sert le bon vin en premier et, lorsque les gens ont bien bu, on apporte le moins bon. Mais toi, tu as gardé le bon vin jusqu'à maintenant. » Tel fut le commencement des signes que Jésus accomplit. C'était à Cana de Galilée. Il manifesta sa gloire, et ses disciples crurent en lui.

Messe de sainte Bernadette 18 FÉVRIER

Lecture de la première lettre de saint Paul apôtre aux Corinthiens (1, 26-31)

Frères, vous qui avez été appelés par Dieu, regardez bien : parmi vous, il n'y a pas beaucoup de sages aux yeux des hommes, ni de gens puissants ou de haute naissance. Au contraire, ce qu'il y a de fou dans le monde, voilà ce que Dieu a choisi, pour couvrir de confusion les sages ; ce qu'il y a de faible dans le monde, voilà ce que Dieu a choisi, pour couvrir de confusion ce qui est fort ; ce qui est d'origine modeste, méprisé dans le monde, ce qui n'est pas, voilà ce que Dieu a choisi, pour réduire à rien ce qui est ; ainsi aucun être de chair ne pourra s'enorgueillir devant Dieu. C'est grâce à Dieu, en effet, que vous

êtes dans le Christ Jésus, lui qui est devenu pour nous sagesse venant de Dieu, justice, sanctification, rédemption. Ainsi, comme il est écrit : Celui qui veut être fier, qu'il mette sa fierté dans le Seigneur.
– Parole du Seigneur.

Psaume 130

℟ ***Garde mon âme dans la paix***
près de toi, Seigneur

Seigneur, je n'ai pas le cœur fier
ni le regard ambitieux ;
je ne poursuis ni grands desseins,
ni merveilles qui me dépassent. ℟

Non, mais je tiens mon âme
égale et silencieuse ;
mon âme est en moi comme un enfant,
comme un petit enfant contre sa mère. ℟

Attends le Seigneur, Israël,
maintenant et à jamais. ℟

Évangile de Jésus Christ selon saint Jean (12, 24-26)

En ce temps-là, Jésus disait à ses disciples : « Amen, amen, je vous le dis : si le grain de blé tombé en terre ne meurt pas, il reste seul ; mais s'il meurt, il porte beaucoup de fruit. Qui aime sa vie la perd ; qui s'en détache en ce monde la gardera pour la vie éternelle. Si quelqu'un veut me servir, qu'il me suive ; et là où moi je suis, là aussi sera mon serviteur. Si quelqu'un me sert, mon Père l'honorera. »

Messe de l'Annonciation 25 MARS

Lecture du livre d'Isaïe (7, 10-14)

En ces jours-là, le Seigneur parla ainsi au roi Acaz : « Demande pour toi un signe de la part du Seigneur ton Dieu, au fond du séjour des morts ou sur les sommets, là-haut. » Acaz répondit : « Non, je n'en demanderai pas, je ne mettrai pas le Seigneur à l'épreuve. » Isaïe dit alors : « Écoutez, maison de David ! Il ne vous suffit donc pas de fatiguer les hommes : il faut encore que vous fatiguiez mon Dieu ! C'est pourquoi le Seigneur lui-même vous donnera un signe : Voici que la vierge est enceinte, elle enfantera un fils, qu'elle appellera Emmanuel, (c'est-à-dire : Dieu avec nous). » – Parole du Seigneur.

Psaume 39, 7-11

℟ ***Me voici, Seigneur,***
je viens faire ta volonté.

Tu ne voulais ni offrande ni sacrifice,
tu as ouvert mes oreilles ;
tu ne demandais ni holocauste ni victime,
alors j'ai dit : « Voici, je viens. » ℟

« Dans le livre, est écrit pour moi
ce que tu veux que je fasse.
Mon Dieu, voilà ce que j'aime :
ta loi me tient aux entrailles. » ℟

J'annonce la justice
dans la grande assemblée ;
vois, je ne retiens pas mes lèvres,
Seigneur, tu le sais. ℟

Je n'ai pas enfoui ta justice au fond de mon cœur,
je n'ai pas caché ta fidélité, ton salut ;
j'ai dit ton amour et ta vérité
à la grande assemblée. ℟

Lecture de la lettre aux Hébreux (10, 4-10)

Frères, il est impossible que du sang de taureaux et de boucs enlève les péchés. Aussi, en entrant dans le monde, le Christ dit : « Tu n'as voulu ni sacrifice ni offrande, mais tu m'as formé un corps. Tu n'as pas agréé les holocaustes ni les sacrifices pour le péché. » Alors, j'ai dit : « Me voici, je suis venu, mon Dieu, pour faire ta volonté, ainsi qu'il est écrit de moi dans le Livre. » Le Christ commence donc par dire : « Tu n'as pas voulu ni agréé les sacrifices et les offrandes, les holocaustes et les sacrifices pour le péché, ceux que la Loi prescrit d'offrir. » Puis il déclare : « Me voici, je suis venu pour faire ta volonté. » Ainsi, il supprime le premier état de choses pour établir le second. Et c'est grâce à cette volonté que nous sommes sanctifiés, par l'offrande que Jésus Christ a faite de son corps, une fois pour toutes. – Parole du Seigneur.

Évangile de Jésus Christ selon saint Luc (1, 26-38)

En ce temps-là, l'ange Gabriel fut envoyé par Dieu dans une ville de Galilée, appelée Nazareth, à une jeune fille vierge, accordée en mariage à un homme de la maison de David, appelé Joseph; et le nom de la jeune fille était Marie. L'Ange entra chez elle et dit : « Je te salue, Comblée-de-grâce, le Seigneur est avec toi. » À cette parole, elle fut toute bouleversée, et elle se demandait ce que pouvait signifier cette salutation. L'Ange lui dit alors : « Sois sans crainte, Marie, car tu as trouvé grâce auprès de Dieu. Voici que tu vas concevoir et enfanter un fils; tu lui donneras le nom de Jésus. Il sera grand, il sera appelé Fils du Très-Haut; le Seigneur Dieu lui donnera le trône de David son père; il régnera pour toujours sur la maison de Jacob, et son règne n'aura pas de fin. » Marie dit à l'Ange : « Comment cela va-t-il se faire, puisque je ne connais pas d'homme ? » L'Ange lui répondit : « L'Esprit Saint viendra sur toi, et la puissance du Très-Haut te prendra sous son ombre; c'est pourquoi celui qui va naître sera saint, il sera appelé Fils de Dieu. Or voici que, dans sa vieillesse, Élisabeth, ta parente, a conçu, elle aussi, un fils et en est à son sixième mois, alors qu'on l'appelait la femme stérile. Car rien n'est impossible à Dieu. » Marie dit alors : « Voici la servante du Seigneur; que tout m'advienne selon ta parole. » Alors l'Ange la quitta.

Messe de l'Assomption 15 AOÛT

Lecture du livre de l'Apocalypse (11, 19a ; 12, 1-6a.10ab)

Le sanctuaire de Dieu, qui est dans le ciel, s'ouvrit, et l'arche de son Alliance apparut dans le Sanctuaire […]. Un grand signe apparut dans le ciel : une Femme, ayant le soleil pour manteau, la lune sous les pieds, et sur la tête une couronne de douze étoiles. Elle est enceinte, elle crie, dans les douleurs et la torture d'un enfantement. Un autre signe apparut dans le ciel : un grand dragon, rouge feu, avec sept têtes et dix cornes, et, sur chacune des sept têtes, un diadème. Sa queue, entraînant le tiers des étoiles du ciel, les précipita sur la terre. Le Dragon vint se poster devant la femme qui allait enfanter, afin de dévorer l'enfant dès sa naissance. Or, elle mit au monde un fils, un enfant mâle, celui qui sera le berger de toutes les nations, les conduisant avec un sceptre de fer. L'enfant fut enlevé jusqu'auprès de Dieu et de son Trône, et la Femme s'enfuit au désert, où Dieu lui a préparé une place […]. Alors j'entendis dans le ciel une voix forte, qui proclamait : « Maintenant voici le salut, la puissance et le règne de notre Dieu, voici le pouvoir de son Christ ! » – Parole du Seigneur.

Psaume 44, 11-16

℟ ***Debout, à la droite du Seigneur,***
se tient la reine, toute parée d'or

Écoute, ma fille, regarde et tends l'oreille ;
oublie ton peuple et la maison de ton père :
le roi sera séduit par ta beauté. ℟

Il est ton Seigneur : prosterne-toi devant lui.
Alors, fille de Tyr, les plus riches du peuple,
chargés de présents, quêteront ton sourire. ℟

Fille de roi, elle est là, dans sa gloire,
vêtue d'étoffes d'or ;
on la conduit, toute parée, vers le roi. ℟

Des jeunes filles, ses compagnes, lui font cortège ;
on les conduit parmi les chants de fête :
elles entrent au palais du roi. ℟

Lecture de la première lettre de saint Paul apôtre aux Corinthiens (15, 20-27a)

Frères, le Christ est ressuscité d'entre les morts, lui, premier ressuscité parmi ceux qui se sont endormis. Car, la mort étant venue par un homme, c'est par un homme aussi que vient la résurrection des morts. En effet, de même que tous les hommes meurent en Adam, de même c'est dans le Christ que tous recevront la vie, mais chacun à son rang : en premier, le Christ, et ensuite, lors du retour du Christ, ceux qui lui appartiennent. Alors, tout sera achevé, quand le Christ remettra le pouvoir royal à Dieu son Père, après avoir anéanti, parmi les êtres célestes, toute Principauté, toute Souveraineté et Puissance. Car c'est lui qui doit régner jusqu'au jour où Dieu aura mis sous ses pieds tous ses ennemis. Et le dernier ennemi qui sera anéanti, c'est la mort, car il a tout mis sous ses pieds. – Parole du Seigneur.

Évangile de Jésus Christ selon saint Luc (1, 39-56)

En ces jours-là, Marie se mit en route et se rendit avec empressement vers la région montagneuse, dans une ville de Judée. Elle entra dans la maison de Zacharie et salua Élisabeth. Or, quand Élisabeth entendit la salutation de Marie, l'enfant tressaillit en elle. Alors, Élisabeth fut remplie d'Esprit Saint, et s'écria d'une voix forte : « Tu es bénie entre toutes les femmes, et le fruit de tes entrailles est béni. D'où m'est-il donné que la mère de mon Seigneur vienne jusqu'à moi ? Car, lorsque tes paroles de salutation sont parvenues à mes oreilles, l'enfant a tressailli d'allégresse en moi. Heureuse celle qui a cru à l'accomplissement des paroles qui lui furent dites de la part du Seigneur. » Marie dit alors : « Mon âme exalte le Seigneur, exulte mon esprit en Dieu, mon Sauveur ! Il s'est penché sur son humble servante ; désormais tous les âges me diront bienheureuse. Le Puissant fit pour moi des merveilles ; Saint est son nom ! Sa miséricorde s'étend d'âge en âge sur ceux qui le craignent. Déployant la force de son bras, il disperse les superbes. Il renverse les puissants de leur trône, il élève les humbles. Il comble de biens les affamés, renvoie les riches les mains vides. Il relève Israël son serviteur, il se souvient de son amour, de la promesse faite à nos pères, en faveur d'Abraham et sa descendance à jamais. » Marie resta avec Élisabeth environ trois mois, puis elle s'en retourna chez elle.

Messe de Notre-Dame du Rosaire 7 OCTOBRE

Lecture des Actes des Apôtres (1, 12-14)

Les Apôtres, après avoir vu Jésus s'en aller vers le ciel, retournèrent à Jérusalem depuis le lieu-dit « mont des Oliviers » qui en est proche, – la distance de marche ne dépasse pas ce qui est permis le jour du sabbat. À leur arrivée, ils montèrent dans la chambre haute où ils se tenaient habituellement ; c'était Pierre, Jean, Jacques et André, Philippe et Thomas, Barthélemy et Matthieu, Jacques fils d'Alphée, Simon le Zélote, et Jude fils de Jacques. Tous, d'un même cœur, étaient assidus à la prière, avec des femmes, avec Marie la mère de Jésus, et avec ses frères.– Parole du Seigneur.

Cantique Luc (1, 46b-55)

℟ ***Heureuse Vierge Marie,***
qui portas en toi le Fils du Père éternel !

Mon âme exalte le Seigneur,
exulte mon esprit en Dieu mon Sauveur ! ℟

Il s'est penché sur son humble servante ;
désormais, tous les âges me diront bienheureuse.
Le Puissant fit pour moi des merveilles ;
Saint est son nom ! ℟

Sa miséricorde s'étend d'âge en âge
sur ceux qui le craignent.
Déployant la force de son bras,
il disperse les superbes. ℟

Il renverse les puissants de leur trône,
il élève les humbles.
Il comble de biens les affamés,
renvoie les riches les mains vides. ℟

Il relève Israël son serviteur,
Il se souvient de son amour,
de la promesse faite à nos pères,
en faveur d'Abraham et de sa descendance, à jamais. ℟

Évangile de Jésus Christ selon saint Luc (1, 26-38)
Voir évangile de la messe de l'Annonciation, page 110.

Messe de l'Immaculée Conception 8 DÉCEMBRE

Lecture du livre de la Genèse (3, 9-15. 20)

Quand Adam eut mangé du fruit de l'arbre, le Seigneur Dieu l'appela et lui dit : « Où es-tu donc ? » L'homme répondit : « J'ai entendu ta voix dans le jardin, j'ai pris peur parce que je suis nu, et je me suis caché. » Le Seigneur reprit : « Qui donc t'a dit que tu étais nu ? Aurais-tu mangé de l'arbre dont je t'avais interdit de manger ? » L'homme répondit : « La femme que tu m'as donnée, c'est elle qui m'a donné du fruit de l'arbre, et j'en ai mangé. » Le Seigneur Dieu dit à la femme : « Qu'as-tu fait là ? » La femme répondit : « Le serpent m'a trompée, et j'ai mangé. » Alors le Seigneur Dieu dit au serpent : « Parce que tu as fait cela, tu seras maudit parmi tous les animaux et toutes les bêtes des champs. Tu ramperas sur le ventre et tu mangeras de la poussière tous les jours de ta vie. Je mettrai une hostilité entre toi et la femme, entre ta descendance et sa descendance : celle-ci te meurtrira la tête, et toi, tu lui meurtriras le talon. » […] L'homme appela sa femme Ève (c'est-à-dire : la vivante), parce qu'elle fut la mère de tous les vivants. – Parole du Seigneur.

Psaume 97, 1, 2-3b, 3c-4a.6b

℟ ***Chantez au Seigneur un chant nouveau, car il a fait des merveilles***

Chantez au Seigneur un chant nouveau,
car il a fait des merveilles ;
par son bras très saint, par sa main puissante,
il s'est assuré la victoire. ℟

Le Seigneur a fait connaître sa victoire
et révélé sa justice aux nations ;
il s'est rappelé sa fidélité, son amour,
en faveur de la maison d'Israël. ℟

La terre tout entière a vu
la victoire de notre Dieu.
Acclamez le Seigneur, terre entière,
sonnez, chantez, jouez ! ℟

Deuxième lecture de la lettre de saint Paul apôtre aux Éphésiens (1, 3-6. 11-12)

Béni soit Dieu, le Père de notre Seigneur Jésus Christ ! Il nous a bénis et comblés des bénédictions de l'Esprit, au ciel, dans le Christ. Il nous a choisis, dans le Christ, avant la fondation du monde, pour que nous soyons saints, immaculés devant lui, dans l'amour. Il nous a prédestinés à être, pour lui, des fils adoptifs par Jésus, le Christ. Ainsi l'a voulu sa bonté, à la louange de gloire de sa grâce, la grâce qu'il nous donne dans le Fils bien-aimé. […] En lui, nous sommes devenus le domaine particulier de Dieu, nous y avons été prédestinés selon le projet de celui qui réalise tout ce qu'il a décidé : il a voulu que nous vivions à la louange de sa gloire, nous qui avons d'avance espéré dans le Christ. – Parole du Seigneur.

Évangile de Jésus Christ selon saint Luc (1, 26-38)

Voir évangile de la messe de l'Annonciation, page 110.

SUIVRE LES PAS DE BERNADETTE

Pour bien saisir le message de l'Immaculée Conception, le pèlerin peut marcher dans les pas de Bernadette Soubirous. Il sera ému en découvrant les lieux familiers de la vie de Bernadette : le moulin de Boly où elle naquit, le cachot où elle vécut avec les siens pendant deux ans, l'hospice où elle fit sa scolarité auprès des Sœurs de Nevers.

SUIVRE LES PAS DE BERNADETTE

1 LE MOULIN DE BOLY

2 LE CACHOT

3 L'ÉGLISE PAROISSIALE

4 L'ANCIEN PRESBYTÈRE

5 L'HOSPICE

Le moulin de Boly

Le moulin de Boly fut jadis un moulin à eau, exploité de 1786 à 1854 par la famille maternelle de Bernadette, les Castérot. C'est là que Bernadette est née le 7 janvier 1844.

Elle est l'aînée de neuf enfants, dont seulement quatre atteindront l'âge adulte. Bernadette passe ses dix premières années au *« moulin du bonheur »*, comme elle l'aurait dit. Un bonheur simple : sa famille y travaille, y prie. À partir de 1854, la situation se dégrade : accident de travail du père qui se crève un œil, révolution industrielle qui conduit à la faillite de moulins familiaux comme celui de Boly. Les Soubirous sont expulsés.

À VOIR

Une première salle, qui n'appartient pas au moulin, présente différents panneaux et photographies qui nous aident à mieux connaître la famille de Bernadette et les habitants du bourg qu'elle côtoyait. Le moulin proprement dit est composé de trois pièces, deux à l'étage. La première est la chambre natale de Bernadette. Les meubles ne sont plus d'époque. La seconde évoque la vie de sa famille au moulin. Au rez-de-chaussée, on trouve le vieux moulin, avec la cuisine et ses deux meules alimentées par le ruisseau Lapacca.

GESTES PÈLERINS

★ **FAIRE MÉMOIRE DE MA JEUNESSE.** Je repense à mon enfance, je me rappelle tous les moments de bonheur de mes jeunes années, je fais mémoire de mes parents, de mes grands-parents. Je suis dans la gratitude pour leur dévouement, leur générosité. Je repense aussi à mes compagnons de jeu, mes frères et sœurs, mes cousins, mes voisins. Je prie pour eux tous.

PRIÈRE

Seigneur Jésus,
en ce lieu où Bernadette et les siens ont connu le bonheur,
nous te prions pour toutes les familles.
Nous te confions les parents,
qu'ils travaillent dans la sérénité
et éduquent leurs enfants dans la joie.
Nous te prions pour les enfants,
qu'ils grandissent en intelligence, en sagesse,
qu'ils vivent dans la paix
et soient sensibles à ceux qui souffrent.

12, rue Bernadette-Soubirous
Tél. : 05 62 42 16 36 - Heures d'ouverture :
Du 01/01/2020 au 31/03/2020 et du 01/11/2020 au 31/12/2020, de 15 heures à 17 heures. Pendant les vacances scolaires : ouvert également de 10 heures à 12 heures.
Du 01/04/2020 au 31/10/20, de 9 heures à 12 heures et de 14 heures à 18 h 30.

Le musée Sainte-Bernadette

Avant de se rendre au moulin de Boly, un passage au musée, voulu comme un « pèlerinage catéchétique », permettra de s'imprégner de l'histoire de Lourdes et des apparitions. Dans le hall d'entrée, une maquette permet de se représenter Lourdes en 1858. Deux salles sont consacrées à la vie de Bernadette avant cette date, deux aux apparitions proprement dites. Trois dernières salles clôturent le parcours : l'une sur la vie de Bernadette après les événements de la grotte, l'une sur le développement de Lourdes, et la dernière sur les signes de Lourdes.

Boulevard Rémi-Sempé
Tél. : 05 62 42 78 78 - Heures d'ouverture :
Du 01/01/2020 au 31/03/2020 et du 01/11/2020 au 31/12/2020, de 9 heures à 12 heures et de 14 heures à 17 heures uniquement pendant les vacances scolaires.
Du 01/04/2020 au 31/10/2020, de 9 heures à 12 heures et de 14 heures à 18 heures tous les jours.

Le cachot

En 1857, après avoir déménagé à plusieurs reprises, la famille Soubirous aboutit au « cachot » et touche le fond de la misère.

À VOIR

Autrefois prison municipale, la pièce de 16 mètres carrés était si sombre et si humide que, jusque-là, seuls les Espagnols les plus démunis de Lourdes avaient consenti à y habiter. La pièce par laquelle on entre ne fait pas partie de l'ancienne prison. On y trouve quelques souvenirs (capulet, chapelet et sabots de Bernadette) et des photos de Bernadette, en famille et à l'hospice. La pièce suivante est le cachot proprement dit. Il servait de cuisine, de salle à manger, de chambre… pour six personnes. Devant l'unique fenêtre, la petite cour était une réserve de fumier. La famille est devenue si misérable, qu'on a accusé le père d'avoir volé un sac de farine.

GESTES PÈLERINS

★ **PENSER À UNE FAMILLE DE MON ENTOURAGE QUI VIT DANS LA PAUVRETÉ,** peut-être même dans la misère. Je décide, à mon retour de Lourdes, de lui venir en aide, d'une manière ou d'une autre : en donnant de mon temps, en étant à l'écoute, en l'accompagnant pour des démarches sociales, en lui offrant quelques légumes de mon jardin…

PRIÈRE

Seigneur Jésus,
en ce lieu où les Soubirous vécurent dans la misère,
nous te prions pour tous ceux qui vivent sous le seuil
de la pauvreté, dans des logements insalubres.
Nous te prions pour tous ceux qui, chaque jour,
doivent se battre pour offrir un peu de pain à leur famille.
Nous te prions aussi pour les sans domicile fixe, rejetés de tous.

© SANCTUAIRE DE LOURDES - PIERRE VINCENT

15, rue des Petits-Fossés - Tél. : 05 62 94 51 30
Heures d'ouverture : **Du 01/01/2020 au 31/03/2020 et du 01/11/2020 au 31/12/2020,** de 15 heures à 17 heures. Pendant les vacances scolaires : ouvert également de 10 heures à 12 heures.
Du 01/04/2020 au 31/10/2020, de 9 heures à 12 heures et de 14 heures à 18 heures.

Témoignage d'un parent venu en aide à la famille Soubirous

« La chambre était noire, pas saine [...]. Dans la basse-cour, il y avait des communs qui débordaient et faisaient l'endroit très infect. Nous y avions le fumier [...]. Je logeais là des Espagnols qui venaient piocher pendant l'hiver et se couchaient sur les dalles avec une couverture, souvent sans paille. Soubirous vint demander la chambre à mon oncle qui s'en était réservé le revenu ; il n'y avait plus de locataires. Mon oncle m'en informa le soir. Nous dîmes : "Puisqu'ils sont sur la rue, il faut les loger". Je n'étais pas content. Ils avaient quatre enfants, moi cinq. Je comprenais que ma femme, très bonne, leur donnerait de mon pain... Ils étaient misérables, deux pauvres lits, un à droite en entrant, et l'autre du même côté plus près de la cheminée [...]. Ils n'avaient qu'une petite malle pour mettre tout le linge [...]. Ma femme leur prêta quelques chemises ; ils avaient de la vermine. Ma femme en a eu quand elle a couché avec Bernadette. Elle leur donnait souvent quelque peu de pain de milloc. Les petits, cependant, ne demandaient pas. Ils auraient crevé plutôt. »

Ruth Harris, *Lourdes*, J.C. Lattès, 2001, p. 76-77

L'ancien presbytère

L'usage de l'ancien presbytère a changé depuis 1858. Mais devant cette bâtisse, on trouve une partie du mur de la cour avec la petite porte que Bernadette a franchie plusieurs fois.

À VOIR

Au matin du 2 mars notamment, l'abbé Peyramale voit arriver dans son presbytère Bernadette, messagère de la « *Dame* » qui lui apparaît : « *Allez dire aux prêtres qu'on vienne ici en procession et qu'on fasse construire une chapelle.* » Ayant peur d'y aller seule, elle est accompagnée par sa marraine, sa tante Bernarde.

16, avenue Général-Baron-Maransin

PAROLE DE BERNADETTE

« La troisième fois, je fus trouver Monsieur le Curé pour lui dire qu'une Dame m'avait ordonné d'aller dire aux prêtres de faire bâtir là une chapelle, il me regarda un moment et ensuite il me dit d'un ton pas très commode : « Qu'est-ce que c'est que cette Dame ? » Je lui répondis que je ne le savais pas. Alors, il me chargea de lui demander son nom et de venir le lui dire. Le lendemain, quand je fus arrivée à la grotte, après avoir récité le chapelet, je lui demandais son nom de la part de Monsieur le Curé, mais elle ne faisait que sourire. De retour, je fus chez Monsieur le Curé lui dire que j'avais fait la commission mais qu'elle n'avait fait d'autre réponse qu'un sourire ; alors il me dit qu'elle se moquait de moi et que je ferais bien de ne plus y revenir ; mais je ne pouvais m'empêcher d'y aller. J'y fus pendant quinze jours et je lui demandais chaque fois qui elle était – ce qui la faisait toujours sourire. Après les quinze jours, je le lui ai demandé trois fois de suite et ce ne fut qu'à la quatrième fois qu'elle me dit qu'elle était l'Immaculée Conception. Alors je revins de nouveau chez Monsieur le Curé lui raconter qu'elle m'avait dit qu'elle était l'Immaculée Conception et il me demanda si j'en étais bien sûre. Je lui répondis que oui et que, pour ne pas oublier ce mot, je l'avais répété tout le long du chemin. »

A. Ravier, *Bernadette d'après ses lettres*, Lethielleux, 2002, p. 16-17

GESTES PÈLERINS

★ **PRIER POUR LES PRÊTRES.** Devant le mur de la porte franchie par Bernadette, je pense aux prêtres de ma paroisse, de ma communauté, de mon entourage. Je prie pour eux et je me promets d'envoyer une carte postale de Lourdes à au moins l'un d'entre eux.

PRIÈRE

Dieu notre Père,
nous te prions pour tous les chrétiens du monde.
Ce qu'ils ont entendu, ce qu'ils ont vu,
ce que leurs mains ont touché par la foi,
qu'ils en soient les radieux et courageux témoins.

Bartrès

Bernadette a séjourné à deux reprises à Bartrès, village situé à 4 km de Lourdes, accessible par un chemin pour les piétons.

À VOIR

Lorsque sa mère ne peut plus l'allaiter, à partir de novembre 1844, Bernadette est envoyée en nourrice pendant un an et demi, chez Marie Laguës à Bartrès. Ensuite, de l'été 1857 au mois de janvier 1858, elle est servante dans la ferme de son ancienne nourrice et de son mari. C'est à cette occasion qu'elle gardait fréquemment les moutons. À Bartrès, Bernadette s'ennuie et, au départ du vicaire-desservant le 4 janvier, a perdu espoir de s'y préparer à sa première communion. Elle rentre à Lourdes.

Dans l'église du XIVe siècle, on peut voir un retable qui représente la vie de Jean Baptiste, et devant lequel Bernadette venait souvent prier. À la sortie de l'église se trouve la tombe de Marie Lagües. En contrebas, le lavoir où Bernadette devait faire la lessive. En bas de la rue de l'église, se trouve la ferme Burg où habitait Bernadette. Un oratoire lui est dédié et, à la droite de cet oratoire, un sentier rejoint la bergerie où Bernadette rentrait les moutons.

PAROLE DE BERNADETTE

« Dites à mes parents que je m'ennuie ici. Je désire revenir à Lourdes pour aller en classe et me préparer à la première communion. »

René Laurentin, *Bernadette vous parle*, tome 1, Lethielleux, 1972, p. 24

GESTES PÈLERINS

★ **MÉDITER UN VERSET.** Dans la prairie qui entoure la bergerie, je prends le temps de relire le psaume 22 : « Le Seigneur est mon berger, je ne manque de rien. » J'en retiens un verset, que je me répéterai jusqu'au crépuscule.

© PHILIPPE CABIDOCHE

PRIÈRE

Dieu notre Père,
nous te prions pour tous les enfants qui souffrent
d'être séparés de leur famille pour mille et une raisons.
Ils peuvent éprouver des sentiments d'abandon,
de solitude, de découragement, de tristesse.
Console-les, toi notre berger,
qui veille sur chaque enfant de la terre.

La chapelle de l'hospice

Fin janvier 1858, à son retour de Bartrès où elle s'ennuie, Bernadette commence à fréquenter l'école gratuite des Sœurs de la Charité et de l'Instruction chrétienne de Nevers, jumelée à l'hospice.

À VOIR

Bernadette, qui ne sait ni lire ni écrire, se retrouve avec des filles plus jeunes que son âge. Elle continuera à aller à l'école des Sœurs durant toute la période des apparitions. C'est dans la chapelle qu'elle fera sa première communion, le 3 juin 1858. À partir de 1860, afin d'échapper aux curieux, elle devient pensionnaire. Elle y restera jusqu'à son départ pour la maison-mère des Sœurs de Nevers, en 1866.

PAROLE DE BERNADETTE

« Mes bien chères petites-cousines, c'est avec une entière satisfaction que j'ai appris que vous aviez l'inappréciable bonheur de faire votre première communion. [...] tout vous annonce quel prix vous y devez attacher, et la sollicitude avec laquelle on vous y prépare, et la solennité dont ce beau jour est toujours entouré. Est-il, en effet, une action plus sacrée et plus importante ? Des trésors inépuisables de grâces y sont ouverts ; son influence doit s'étendre sur la suite de vos années, priez donc beaucoup, priez Notre Seigneur et sa très Sainte Mère de vous faire bien comprendre l'importance de cette grande action. [...] pour la première fois, il vous sera permis de prendre place au banquet céleste, où vous allez être nourries de la chair d'un Dieu, lavées et désaltérées dans son sang, unies étroitement à sa divinité, comblées des dons de son amour. »

André Ravier, *Bernadette d'après ses lettres*, Lethielleux, 2002, p. 101-102

GESTES PÈLERINS

★ **RÉFLÉCHIR À MES ENGAGEMENTS.** En lien avec le récit de la Cène, je relis le récit du lavement des pieds (Jn 13, 1-14). Je me demande comment je peux être au service à la suite du Christ.

PRIÈRE

Dieu notre Père,
c'est dans cette chapelle que Bernadette a eu la joie
de communier pour la première fois.
Elle a aussi découvert sa vocation, vivre en communauté,
servir le Christ dans les enfants et les malades.
Nous demandons cette grâce de vivre de l'eucharistie
et de découvrir comment te servir dans nos frères
et dans nos sœurs.

2, avenue Alexandre-Marqui - Tél. : 05 62 42 40 98 - Heures d'ouverture : **Du 01/01/2020 au 31/03/2020 et du 01/11/2020 au 31/12/2020,** de 15 heures à 17 heures uniquement pendant les vacances scolaires. **Du 01/04/2020 au 31/10/2020,** de 9 heures à 12 heures et de 14 heures à 18 heures tous les jours.

ADOBE STOCK

POURSUIVRE LE PÈLERINAGE

Bernadette n'est pas restée à Lourdes. Notre pèlerinage peut se poursuivre à Nevers, où elle vécut la fin de sa vie. Et une fois rentrés à la maison, nous sommes invités à continuer de prier la Vierge Marie, à réconforter les malades et à témoigner de notre joie d'être allés à Lourdes.

À Nevers

Entrée chez les Sœurs de la Charité de Nevers, Bernadette est envoyée en 1866 dans la maison-mère de la congrégation, à Nevers. C'est là que, par l'humilité et la prière, elle prolongera la grâce de l'ineffable rencontre à la grotte de Massabielle.

À VOIR

Nevers est située en Bourgogne-Franche-Comté, à plus de 600 kilomètres de Lourdes. Bernadette y vécut jusqu'à sa mort, en 1879, comme Sœur de la Charité et de l'Instruction chrétienne de Nevers, dans le couvent Saint-Gildard. Dans le jardin, la statue de Notre-Dame des Eaux lui rappelle l'Immaculée. Depuis 1925, son corps, intact, est exposé dans une châsse de verre. Un musée présente les différents lieux de l'existence de Bernadette. On peut se recueillir dans l'ancienne infirmerie, transformée en oratoire, où Bernadette a rendu son dernier soupir.

PAROLE DE BERNADETTE

« Que vous dirai-je sur mon [état] ? Que je suis toujours dans ma chapelle blanche. Je puis cependant, depuis trois semaines, assister à la sainte messe le dimanche, quitte à me remettre au lit en revenant ; j'ai complètement perdu l'usage de mes jambes : il me faut subir l'humiliation d'être portée, mais nos Sœurs le font de si bon cœur que, vraiment, le sacrifice est moins grand. Je crains toujours qu'elles prennent mal, et quand je leur dis, elles se mettent à rire, et je dirais même à se moquer de moi ; elles me disent qu'elles en porteraient quatre comme moi. »

André Ravier, « Lettre à Sr Victorine Poux », dans *Bernadette d'après ses lettres*, Lethielleux, 2002, p. 106-107

GESTES PÈLERINS

★ **PRIER DEVANT LA CHÂSSE DE BERNADETTE.** Je lui demande qu'elle prie le Christ à toutes mes intentions. Je lui confie les millions de pèlerins qui se rendent à Lourdes.

★ MÉDITER CETTE PRIÈRE :

« S'il te plaît Bernadette, prête-moi tes sabots ! »

« Pour mettre dans tes pas mes pas trop hésitants, s'il te plaît, Bernadette, prête-moi tes sabots ! Ils sont pour moi symbole de bon sens, d'esprit d'humilité et de simplicité. Et tu sais bien, hélas, que tout cela me manque. S'il te plaît Bernadette, prête-moi tes sabots ! Tu allais ramasser le bois qui fait la flamme et réunit les hommes en les réconfortant, pour que je puisse aussi réchauffer ceux qui ont froid et éclairer ceux qui ont besoin d'un sourire, s'il te plaît Bernadette, prête-moi tes sabots. Peut-être tes sabots seront-ils trop petits pour moi. Ce sera très bien ainsi ! Cela me rappellera que je suis limité, que je ne connais pas tout, que je peux tomber et me relever... S'il te plaît Bernadette, prête-moi tes sabots. Pour aller vers Marie avec plus de confiance, pour découvrir l'eau vive offerte aux assoiffés, pour accueillir le pain que Dieu nous donne, s'il te plaît Bernadette, prête-moi tes sabots. Pour monter vers le Père qui m'attend et qui m'aime, pour marcher sur la route avec mes joies et mes peines, pour entrer dans la fête tout au bout du chemin, tout en te demandant de me donner la main, s'il te plaît Bernadette, donne-moi tes sabots ! Ainsi soit-il. »

Marie-Louise Pierson

★ SE RECUEILLIR DEVANT NOTRE-DAME DES EAUX, qui rappelle tant à Bernadette la *« Dame »* de la grotte.

PRIER

Tu prends la défense des humbles, Seigneur, tu les aimes et tu les glorifies ; et tu as donné à sainte Bernadette d'étonnantes grâces de patience et de charité ; permets qu'à sa prière et à son exemple, en suivant simplement les chemins de la foi, nous puissions te contempler dans le royaume des cieux.

Oraison de la messe de sainte Bernadette (AELF)

Prier avec un malade

Seul ou avec des membres de votre famille, vous rendez visite à un malade, afin de lui apporter la joie et la paix du Christ. Vous lui transmettez ainsi la consolation de Notre-Dame de Lourdes. Ce mini rituel peut vous aider.

© ADOBE STOCK

L'animateur de la prière allume une bougie pour rappeler la présence du Christ.

Animateur : Béni sois-tu, ô Christ, source de toute guérison. Nous prions pour notre frère / sœur [nom].

Autres participants : ***Apportez-lui votre guérison corporelle et spirituelle.***

Animateur : Ô Seigneur, que tous nos malades trouvent une consolation dans ta présence guérisseuse. Que ceux qui leur sont confiés soient doués de sagesse et d'habileté, et que ceux qui les entourent soient doués d'amour et de confiance, d'ouverture et de soutien dans leurs soins. Et puissent-ils être guéris avec tous ceux qui en ont besoin.

Tous : ***Amen.***

Animateur : Ensemble, confions-nous à Notre Père du Ciel et à Notre Dame.

Tous : ***Notre Père, Je vous salue Marie.***
Si vous le souhaitez, terminez en écoutant ou en chantant une chanson appropriée, puis partagez un signe de paix entre vous.

P.-S. Si vous ne pouvez rendre visite à une personne malade, vous pouvez prier ce rituel de chez vous, en mentionnant son nom. Vous pouvez lui téléphoner ou lui envoyer une carte postale.

D'après Living with Christ, *Household Rituals : Prayers and Blessings Through The Year*, Creative Communications for the Parish, 2019

Neuvaine à Notre-Dame de Lourdes

Du 3 au 11 février, jour de la fête de Notre-Dame de Lourdes, une neuvaine est proposée. Une manière de prolonger la grâce de Lourdes. Nous pouvons aussi prier cette neuvaine à d'autres moments de l'année.

© ADOBESTOCK

DIRE LA PRIÈRE DE LA NEUVAINE.

Marie,
Notre-Dame de Lourdes,
Toi qui es apparue dans le creux du rocher de Massabielle
À Bernadette, petite et simple bergère de Bigorre,
Tu lui as apporté la lumière rayonnante de ton sourire,
Le doux et radieux éclat de ta présence.
Tu as tissé avec elle au long des jours une relation
Où tu la regardais comme une personne parle à une personne.
Nous voici devant toi, pauvres nous aussi, et nous te prions humblement.
Donne à ceux qui doutent de découvrir la joie de la confiance,
Donne à ceux qui désespèrent de goûter ta discrète présence.
Marie, Notre-Dame de Lourdes,
Toi qui as dévoilé à Bernadette ton nom
En disant simplement « Je suis l'Immaculée Conception ».
Fais-nous découvrir la joie du pardon sans cesse offert,
Mets-en nous le désir de l'innocence recouvrée et de la sainteté joyeuse.
Viens en aide aux pécheurs aveuglés.
Tu as donné naissance au Sauveur du monde,
Regarde avec tendresse notre monde splendide et dramatique.
Ouvre en nous les chemins de l'espérance,
Guide-nous vers celui qui est la source vive,
Jésus, ton Fils, qui nous apprend à dire
Notre Père...

RÉCITER UNE DIZAINE DE CHAPELET.
Invoquer : « Notre-Dame de Lourdes, priez pour nous !
Sainte Bernadette, priez pour nous ! Ô Marie, conçue sans péché, priez pour nous qui avons recours à vous !

MESSE ET COMMUNION le 11 février ou le dernier jour de la neuvaine. La confession est recommandée durant la neuvaine.

Neuvaine à la Mère de

Le sanctuaire Notre-Dame de Lourdes propose une neuvaine en l'honneur de la Vierge Marie, Mère de l'Église. Pendant neuf jours, du dimanche qui suit l'Ascension du Seigneur au lundi après la Pentecôte, nous prions pour l'Église, pour la sanctification de ses membres et pour sa mission dans le monde. Nous confions l'Église à la Vierge Marie, afin qu'elle y exerce toute son influence maternelle.

© ADOBESTOCK

Vierge Marie, l'Église

DIRE LA PRIÈRE DE LA NEUVAINE.

Vierge Marie,
sainte Mère de Dieu, Notre-Dame de Lourdes,
comme autrefois vous avez fait jaillir la source de Massabielle,
par votre douce intercession maternelle,
faites jaillir du cœur de votre divin Fils le don de Dieu,
l'Esprit Saint, et répandez-le sur chacun de vos enfants.

Vous avez demandé à Bernadette
d'aller dire aux prêtres « qu'on bâtisse ici une chapelle,
et qu'on y vienne en procession ».
Nous entendons votre appel,
et en vous choisissant aujourd'hui pour mère,
nous voulons bâtir l'Église dans nos cœurs
et dans le cœur de tous nos frères.
Vierge Marie, douce Mère de l'Église,
donnez à vos enfants l'amour de l'Église,
et soyez pour eux un refuge assuré
jusqu'aux derniers temps.
Amen.

Ô Marie conçue sans péché, priez pour nous
qui avons recours à vous.

Prière de consécration à Marie

Juste avant les apparitions, Bernadette devait se préparer à faire sa première communion. Elle avait le désir de Jésus ! Son désir était double, car elle cherchait à faire sa première communion afin de pouvoir se consacrer à Marie et devenir « enfant de Marie ». C'est le secret de Bernadette. Avoir Jésus et Marie pour seul trésor dans son cœur. On peut considérer que la Sainte Vierge lui est apparue afin de la préparer à sa première communion et à sa consécration à Marie.

En effet, la Vierge porte le costume des dames autrefois consacrées à Marie : une robe blanche avec une ceinture bleue. Le grand chapelet blanc qu'elle porte au poignet est une incitation pour Bernadette et pour le pèlerin de Lourdes à se tourner vers elle et la choisir pour Mère en se consacrant à elle.

C'est ce que fit Bernadette. Après sa première communion le 3 juin 1858, Marie lui apparaît une dernière fois le 16 juillet, jour de la fête de Notre-Dame du Mont-Carmel, pour la préparer à sa consécration qui aura lieu le 8 septembre, jour de la Nativité de Marie. Ce jour-là, Bernadette devient enfant de Marie. Elle peut porter ce costume, la robe blanche et la longue ceinture bleue !

Le pèlerin de Lourdes est ainsi invité à accomplir parfaitement son pèlerinage en se consacrant à la Vierge Marie, la choisissant pour Mère, afin que sa vie s'épanouisse dans l'Église au service de ses frères.

Chacun peut le faire personnellement en priant l'acte de consécration de saint Louis-Marie Grignion de Montfort. Il est possible aussi de demander à un chapelain de recevoir cette consécration de soi-même.

© ADOBE STOCK

SAINT LOUIS-MARIE GRIGNION DE MONTFORT

Je vous choisis, aujourd'hui,
ô Marie,
en présence de toute la cour céleste,
pour ma Mère et ma Reine.
Je vous livre et consacre,
en toute soumission et amour,
mon corps et mon âme,
mes biens intérieurs et extérieurs,
et la valeur même de mes bonnes actions
passées, présentes et futures,
vous laissant un entier et plein droit
de disposer de moi,
et de tout ce qui m'appartient,
sans exception,
selon votre bon plaisir,
à la plus grande gloire de Dieu,
dans le temps et l'éternité.
Ainsi soit-il.

© ADOBESTOCK

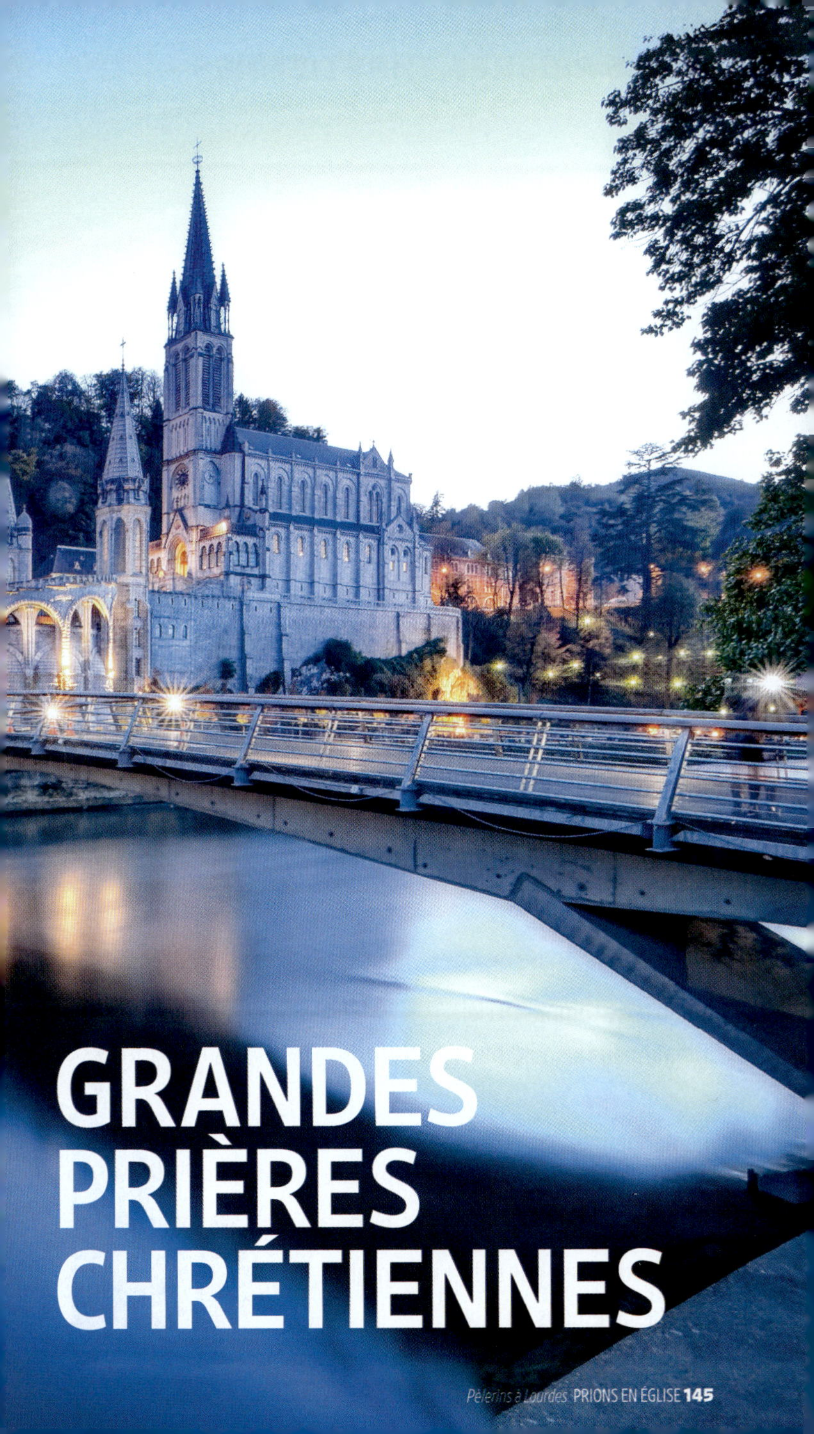

GRANDES PRIÈRES CHRÉTIENNES

Notre Père

Notre Père qui es aux cieux,
que ton nom soit sanctifié,
que ton règne vienne,

que ta volonté soit faite
sur la terre comme au ciel.
Donne-nous aujourd'hui notre pain de ce jour.

Pardonne-nous nos offenses
comme nous pardonnons aussi
à ceux qui nous ont offensés.
Et ne nous laisse pas entrer en tentation,
mais délivre-nous du Mal.

Je vous salue Marie

Je vous salue Marie, pleine de grâce,
le Seigneur est avec vous ;
vous êtes bénie entre toutes les femmes,
et Jésus, le fruit de vos entrailles, est béni.
Sainte Marie, Mère de Dieu,
priez pour nous, pauvres pécheurs,
maintenant et à l'heure de notre mort.
Amen.

Aide-nous à vivre

Seigneur crucifié et ressuscité,
apprends-nous à affronter
les luttes de la vie quotidienne,
afin que nous vivions
dans une plus grande plénitude.

Tu as humblement et patiemment accueilli
les échecs de la vie humaine,
comme les souffrances de ta crucifixion.
Alors les peines et les luttes
que nous apporte chaque journée,
aide-nous à les vivre
comme des occasions de grandir
et de mieux te ressembler.
Rends-nous capables de les affronter
patiemment et bravement,
pleins de confiance dans ton soutien.

Fais-nous comprendre
que nous n'arrivons à la plénitude de la vie
qu'en mourant sans cesse à nous-mêmes
et à nos désirs égoïstes.

Car c'est seulement en mourant avec toi
que nous pouvons ressusciter avec toi.
Que rien, désormais,
ne nous fasse souffrir ou pleurer
au point d'en oublier la joie de ta résurrection !
Tu es le soleil éclaté de l'amour du Père,
tu es l'espérance du bonheur éternisé,
tu es le feu de l'amour embrasé.

Que la joie de Jésus soit force en nous
et qu'elle soit, entre nous, lien de paix,
d'unité et d'amour. Amen.

Mère Teresa, dans *Psaumes et prières pour le temps de la maladie,* hors-série *Prions en Église*, Bayard, 2005, p. 10-11

Symbole de Nicée-Constantinople

Je crois en un seul Dieu, le Père tout-puissant,
créateur du ciel et de la terre, de l'univers visible et invisible.
Je crois en un seul Seigneur, Jésus Christ, le Fils unique de Dieu,
né du Père avant tous les siècles :
il est Dieu, né de Dieu, lumière, née de la lumière,
vrai Dieu, né du vrai Dieu,
engendré, non pas créé, de même nature que le Père ;
et par lui tout a été fait.
Pour nous les hommes, et pour notre salut, il descendit du ciel ;
par l'Esprit Saint, il a pris chair de la Vierge Marie, et s'est fait homme.
Crucifié pour nous sous Ponce Pilate,
il souffrit sa passion et fut mis au tombeau.
Il ressuscita le troisième jour, conformément aux Écritures,
et il monta au ciel ; il est assis à la droite du Père.
Il reviendra dans la gloire, pour juger les vivants et les morts ;
et son règne n'aura pas de fin.
Je crois en l'Esprit Saint, qui est Seigneur et qui donne la vie ;
il procède du Père et du Fils ;
avec le Père et le Fils, il reçoit même adoration et même gloire ;
il a parlé par les prophètes.
Je crois en l'Église, une, sainte, catholique et apostolique.
Je reconnais un seul baptême pour le pardon des péchés.
J'attends la résurrection des morts, et la vie du monde à venir.
Amen.

Symbole des Apôtres

Je crois en Dieu, le Père tout-puissant,
créateur du ciel et de la terre.
Et en Jésus Christ, son Fils unique, notre Seigneur,
qui a été conçu du Saint-Esprit, est né de la Vierge Marie,
a souffert sous Ponce Pilate, a été crucifié,
est mort et a été enseveli, est descendu aux enfers,
le troisième jour est ressuscité des morts,
est monté aux cieux,
est assis à la droite de Dieu le Père tout-puissant,
d'où il viendra juger les vivants et les morts.
Je crois en l'Esprit Saint,
à la sainte Église catholique, à la communion des saints,
à la rémission des péchés, à la résurrection de la chair,
à la vie éternelle.
Amen.

Angelus

L'Ange du Seigneur annonça à Marie,
– Et elle conçut du Saint-Esprit.
Je vous salue, Marie, pleine de grâce,
le Seigneur est avec vous,
vous êtes bénie entre toutes les femmes,
et Jésus, le fruit de vos entrailles, est béni.
Sainte Marie, Mère de Dieu,
priez pour nous, pauvres pécheurs,
maintenant et à l'heure de notre mort. Amen.
Voici la servante du Seigneur,
– Qu'il me soit fait selon ta parole.
Je vous salue Marie…
Et le Verbe s'est fait chair
– Et il a habité parmi nous.
Je vous salue Marie…
Priez pour nous,
sainte Mère de Dieu,
– Afin que nous soyons dignes
des promesses du Christ.
Que votre grâce, Seigneur, se répande en nos âmes,
afin qu'ayant connu, par la voix de l'Ange,
l'incarnation du Christ votre Fils,
nous parvenions par sa passion et par sa croix
jusqu'à la gloire de sa résurrection.
Par le Christ, notre Seigneur. Amen.

Souvenez-vous

Souvenez-vous, ô très miséricordieuse Vierge Marie,
qu'on n'a jamais entendu dire qu'aucun de ceux
qui ont eu recours à votre protection, imploré votre assistance
et réclamé votre secours, ait été abandonné.
Animé d'une pareille confiance,
ô Vierge des vierges, ô ma Mère,
j'accours vers vous
et, gémissant sous le poids de mes péchés,
je me prosterne à vos pieds.
Ô Mère du Verbe Incarné,
ne méprisez pas mes prières,
mais écoutez-les favorablement
et daignez les exaucer.

Magnificat

Mon âme exalte le Seigneur,
exulte mon esprit en Dieu,
mon Sauveur !
Il s'est penché sur son humble servante ;
désormais, tous les âges me diront bienheureuse.
Le Puissant fit pour moi des merveilles ;
Saint est son nom !
Son amour s'étend d'âge en âge
sur ceux qui le craignent.
Déployant la force de son bras,
il disperse les superbes.
Il renverse les puissants de leurs trônes,
il élève les humbles.
Il comble de biens les affamés,
renvoie les riches les mains vides.
Il relève Israël son serviteur,
il se souvient de son amour,
de la promesse faite à nos pères,
en faveur d'Abraham et de sa race, à jamais.
Gloire au Père, et au Fils, et au Saint-Esprit,
pour les siècles des siècles.
Amen.

Salve Regina

Salut, ô Reine, Mère de miséricorde,
notre vie, notre consolation, notre espoir, salut !
Enfants d'Ève, de cette terre d'exil nous crions vers vous ;
vers vous nous soupirons, gémissant et pleurant
dans cette vallée de larmes.
Ô vous, notre avocate,
tournez vers nous vos regards compatissants.
Et, après cet exil, obtenez-nous de contempler Jésus,
le fruit béni de votre sein !
Ô clémente, ô miséricordieuse,
ô douce Vierge Marie !

Salve, Regina, mater misericordiæ,
vita, dulcedo et spes nostra, salve.
Ad te clamamus, exsules filii Evæ.
Ad te suspiramus, gementes et flentes
in hac lacrimarum valle.
Eia ergo, advocata nostra,
illos tuos misericordes oculos ad nos converte.
Et Jesum, benedictum fructum ventris tui,
nobis post hoc exilium ostende.
O clemens, o pia, o dulcis Virgo Maria !

Regina cœli

Reine du ciel, réjouis-toi, alléluia !
Car celui que tu as mérité
de porter dans ton sein, alléluia !
Est ressuscité comme il l'a dit, alléluia !
Prie Dieu pour nous, alléluia !

Regina cœli, laetare, alleluia,
Quia quem meruisti portare, alleluia,
Resurrexit sicut dixit, alleluia,
Ora pro nobis Deum, alleluia.

Ave Regina cœlorum

Salut, reine des cieux !
Salut, reine des anges !
Salut tige féconde ! Salut porte du ciel !
Par toi, la lumière s'est levée
sur le monde.
Réjouis-toi, Vierge glorieuse,
belle entre toutes les femmes !
Salut, splendeur radieuse,
implore le Christ pour nous.

Ave regina cœlorum
Ave regina angelorum
Salve radix, salve, porta
Ex qua mundo lux est orta,
Gaude, Virgo gloriosa,
Super omnes speciosa,
Vale, o valde decora,
Et pro nobis Cristum exora.

Alma redemptoris mater

Mère du rédempteur,
toi qui demeures le chemin
et la porte du ciel,
étoile de la mer,
viens au secours de celui qui succombe,
lève-toi pour aider le peuple en péril,
toi qui as engendré,
à l'étonnement de la nature
ton propre géniteur.
Toi qui es restée vierge avant et après.
En recevant le salut de la bouche
de Gabriel, prends pitié de nous, pécheurs.

Alma redemptoris mater,
quæ pervia cæli porta manes,
et stella maris
succurre cadenti.
Surgere qui curat populo,
tu quæ genuisti,
natura mirante,
tuum sanctum genitorem.
Virgo prius ac posterius,
Gabrielis ab ore sumens illud ave,
peccatorum miserere.

La prière de Bernadette

J'ai levé les yeux, et je n'ai plus vu que Jésus seul !
Jésus seul pour But,
Jésus seul pour Maître,
Jésus seul pour Modèle,
Jésus seul pour Guide,
Jésus seul pour Joie,
Jésus seul pour Richesse,
Jésus seul pour Ami !

Prière pour la paix

Ô Mère de miséricorde,
nous confions à ton cœur et à ton amour
le peuple entier et l'Église de cette terre.
Garde-nous de toute injustice, de toute division,
de toute violence et de toute guerre.
Garde-nous de la tentation
et de l'esclavage du péché et du mal.
Sois avec nous !
Aide-nous à vaincre le doute par la foi,
l'égoïsme par le service, l'orgueil par la mansuétude,
la haine par l'amour.
Aide-nous à vivre l'Évangile et la folie de la Croix
afin de pouvoir ressusciter avec ton Fils
à la vraie vie, avec le Père, dans l'unité
de l'Esprit Saint.
Ô Mère du Christ, sois notre réconfort
et donne force à tous ceux qui souffrent:
aux pauvres, à ceux qui sont seuls,
aux malades, aux non-aimés, aux abandonnés.
Donne la paix à notre terre divisée;
et à tous, la lumière de l'espérance.

Saint Jean-Paul II

INFORMATIONS PRATIQUES

Le sanctuaire dans

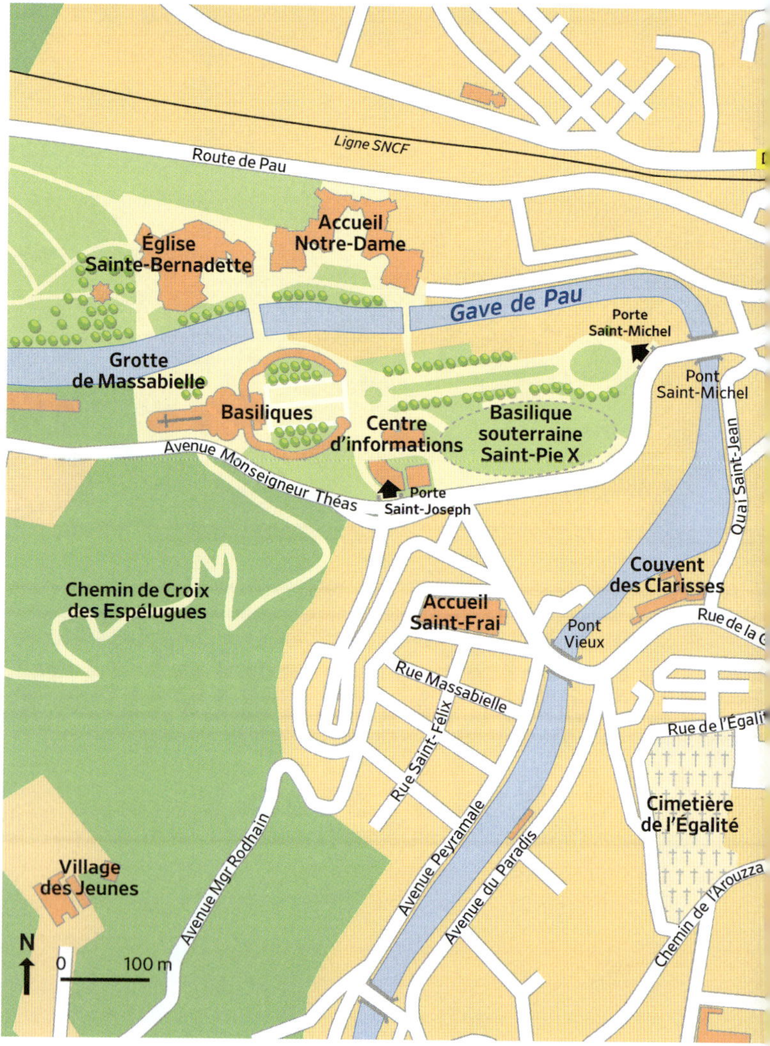

ourdes

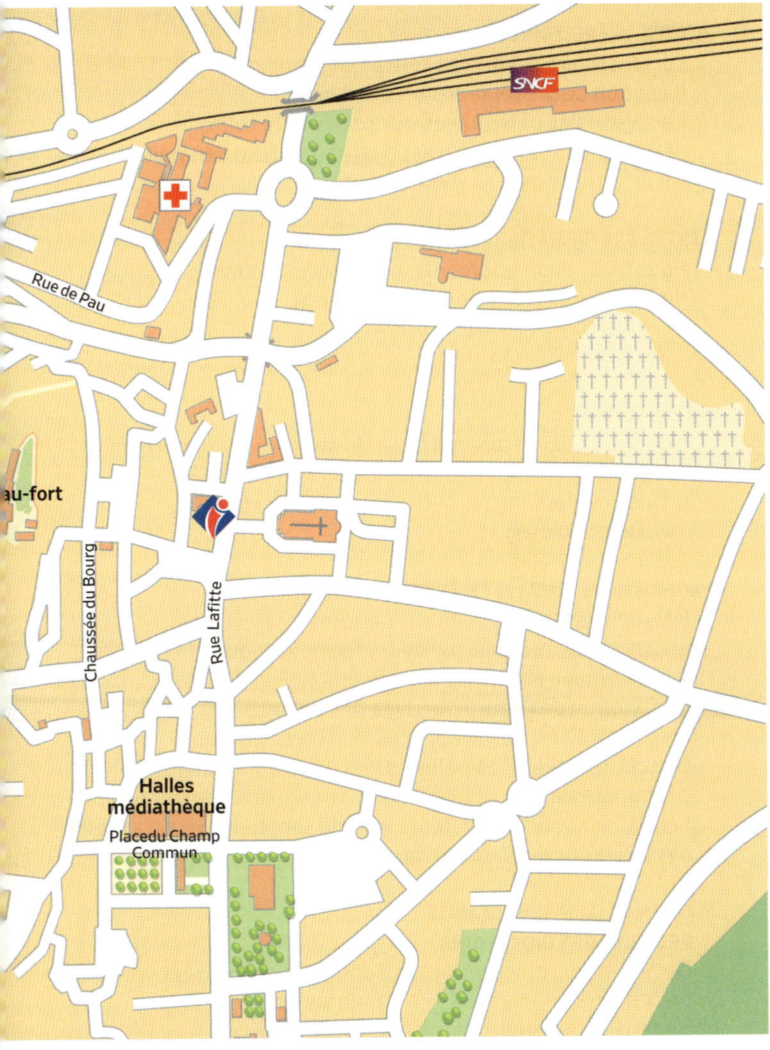
SNCF
Rue de Pau
au-fort
Chaussée du Bourg
Rue Lafitte
Halles
médiathèque
Placedu Champ
Commun

Le sanctuaire

ACCUEIL DES PÈLERINS

Le sanctuaire est ouvert toute l'année.
Il est bon de prévenir de votre arrivée.
La saison des pèlerinages dure d'avril à octobre, période où le sanctuaire est ouvert de 5 h 30 à minuit.
De novembre à mars, il est ouvert de 6 heures à 22 heures.

CENTRE D'INFORMATION

Pour tous renseignements, ouvert tous les jours de 8 h 30 à 12 h 15 et de 13 h 45 à 18 h 30.

1, avenue Monseigneur-Théas - Tél. 05 62 42 20 08
Courriel : saccueil@lourdes-france

SITE INTERNET

Il donne accès en direct à la vie du sanctuaire, en particulier à l'heure du chapelet quotidien à la grotte à 15 h 30, diffusé également sur plusieurs radios et sur KTO.

www.lourdes-france.org

PROPOSITIONS POUR LES PÈLERINS INDIVIDUELS

Pour les personnes venant à Lourdes à titre individuel, le sanctuaire propose plusieurs formules pour vivre un pèlerinage en étant accompagné (voir p. 12).
En fonction de l'heure d'arrivée des pèlerins au centre d'accueil, une proposition de programme peut être établie. Les pèlerins individuels sont invités à récupérer la « carte du pèlerin » au centre d'information.
Leur accès dans les différents lieux du sanctuaire en sera facilité.

www.lourdes-france.org/mon-pelerinage-a-lourdes

VIVRE UN PÈLERINAGE ORGANISÉ

PÈLERINAGES DIOCÉSAINS

De nombreux diocèses organisent des pèlerinages pour pèlerins malades et en bonne santé.
Se renseigner auprès de son diocèse.

PÈLERINAGE NATIONAL

Du 11 au 16 août, brancardiers, pisciniers, animateurs auprès des enfants, « popotiers » s'occupant des repas, hospitaliers... assurent l'accompagnement jusqu'à Lourdes des pèlerins malades et valides dans les trains, les cars et les avions. Toute l'année, ils restent en lien avec les pèlerins de leur région en assurant diverses animations et rencontres.

www.pelerinage-national.org

PÈLERINAGE DU ROSAIRE

Créé par les dominicains en 1908, ce pèlerinage a lieu chaque année au début du mois d'octobre.

www.pelerinage-rosaire.net

PÈLERINAGE MONTFORTAIN

Le pèlerinage Montfortain a lieu chaque année en avril, depuis 1949. Il accueille environ 4 000 personnes dont 400 malades.

www.pelerinage-montfortain-hospitalite.org

PÈLERINAGE MILITAIRE INTERNATIONAL

Depuis 1958, ce pèlerinage rassemble des militaires de plus de 40 nations et leur famille, tous les ans au mois de mai.

www.dioceseauxarmees.fr/pelerinage-militaire-international.html

PROPOSITIONS POUR LES ENFANTS (0-12 ANS)

La petite maison de Bernadette propose aux enfants accompagnés de nombreux jeux et activités pour découvrir le message de Lourdes.
Réservation obligatoire (pour les groupes seulement).
Trente personnes maximum, accompagnateurs compris.

www.lourdes-france.org/la-petite-maison-de-bernadette

POINT « ACCUEIL ÉCOUTE »

Les pèlerins peuvent se confier à des bénévoles formés à l'écoute. Lieu : 1er étage de la chapelle des Confessions.
D'avril à octobre : 9 heures-12 heures et 14 heures-17 heures.

Tél. 05 62 42 81 77.

PAVILLONS DE LOURDES

De nombreux mouvements d'Église présents à Lourdes disposent d'une permanence dans les « pavillons ».

Boulevard Rémi-Sempé
www.pavillonsdelourdes.org

ACCUEIL DES PERSONNES HANDICAPÉES

Office chrétien des personnes handicapées
Porte Saint-Michel
Tél. 05 62 42 79 92
Courriel : lourdes@och.fr

BUREAU DES CONSTATATIONS MÉDICALES

Les pèlerins qui estiment avoir été guéris et qui souhaitent en témoigner peuvent y faire une déclaration.

Tél. 05 62 42 79 08

DÉMARCHES DU PÈLERIN

TOUTES LES MESSES

D'avril à octobre

7 h 00	Crypte
8 h 00	Chapelle de l'Adoration
9 h 45	Grotte *(dimanche)*
10 h 00	Basilique du Rosaire
11 h 00	Basilique du Rosaire
16 h 15	Chapelle Saint-Joseph *(semaine)*
17 h 00	Chapelle Saint-Joseph *(samedi et dimanche)*
18 h 30	Basilique du Rosaire
23 h 00	Grotte

De novembre à mars

7 h 30	Crypte
9 h 45	Grotte
10 h 00	Basilique du Rosaire *(dimanche)*
11 h 15	Basilique du Rosaire
16 h 15	Basilique du Rosaire *(semaine)*
17 h 00	Basilique du Rosaire *(samedi et dimanche)*

CÉLÉBRATIONS. Pour demander que des messes soient célébrées, se rendre au bureau des messes.
PROCESSION EUCHARISTIQUE. Tous les jours à 17 heures, pendant la saison des pèlerinages.
PROCESSION MARIALE AUX FLAMBEAUX. Tous les soirs à 21 heures, pendant la saison des pèlerinages.
CONFESSIONS. Horaires pendant la saison des pèlerinages : tous les jours à la chapelle de la Réconciliation, de 8 h 30 à 11 h 30 et de 14 heures à 18 h 30.
ADORATION. D'avril à octobre, celle-ci a lieu à la chapelle de l'Adoration, tous les jours de 9 heures à 20 heures. Horaires réduits hors saison : 12 heures-16 heures à la crypte.
CHAPELET. Le chapelet est récité tous les après-midi à 15 h 30, en principe à la grotte, d'où il est radiodiffusé chaque jour.
L'EAU. Les fontaines sont situées à droite de la grotte pour le geste de l'eau. On peut remplir des bidons achetés dans l'un des commerces aux robinets prévus à cet effet au bord du Gave. Il n'y a plus de service d'expédition d'eau. Pour les voyages en avion, l'eau de Lourdes suit le même règlement que les autres liquides (maximum 100 ml en bagage cabine). Le mieux est de la mettre dans les bagages en soute.
PISCINES. Elles se trouvent à droite de la grotte. Elles sont animées par l'Hospitalité Notre-Dame de Lourdes.
CHEMINS DE CROIX. Le chemin de croix des Espélugues, ouvert chaque jour, s'étend sur environ 1 500 m sur la colline (accès fléché vers la gauche à proximité de l'église de l'Immaculée Conception ou basilique supérieure). Au fond de la prairie, face à la grotte, le chemin de croix des malades est plus court et plus accessible, en terrain plat.
BRÛLER UN CIERGE. Les chapelles de Lumière, où les pèlerins allument et déposent leurs cierges, sont situées sur la rive droite du Gave. Des cierges sont disponibles sous les arcades et à côté des chapelles de Lumière.
INTENTIONS. Une urne située sous la grotte, à côté de la source, peut recevoir les intentions de prières. À défaut, elles peuvent être déposées au bureau des messes. Il est aussi possible de déposer en ligne une intention de prière, un cierge, et de faire une offrande de messe. www.lourdes-france.org

SERVIR À LOURDES

COMME HOSPITALIER. L'Hospitalité Notre-Dame de Lourdes accueille tous les pèlerins, et spécialement les pèlerins malades et handicapés, notamment à la gare et à l'aéroport. Elle aide au bon fonctionnement des services du sanctuaire et au bon déroulement des célébrations.

www.hospitalite-nd-lourdes.com - Tél. 05 62 42 80 84 - Courriel : hospitalite-lourdes@wanadoo.fr

Une hospitalité peut aussi être celle d'un diocèse ou celle propre à une organisation de pèlerinage. Ces hospitaliers ont pour mission l'accompagnement et le soin des malades qui viennent à Lourdes avec leur pèlerinage.

COMME BÉNÉVOLE. Le sanctuaire accueille les bénévoles de plus de 18 ans prêts à recevoir les pèlerins du monde entier. Un grand nombre d'activités sont proposées. Chacun s'engage selon son temps, ses compétences, ses souhaits, ses besoins.

Centre du bénévolat -Tél. 05 62 42 79 04 - Courriel : benevole@lourdes-france.com

Le sanctuaire accueille aussi les **séminaristes** prêts à passer deux ou trois semaines à Lourdes au service, ainsi que les **scouts** désireux de vivre leur camp dans la cité de Bernadette.

Courriel : accueil.seminariste@lourdes-france.com et benevole@lourdes-france.com

VIVRE DES PÈLERINAGES EN D'AUTRES LANGUES

- Des messes internationales sont célébrées les mercredis et dimanches matins lors de la saison des pèlerinages.
- De nombreux pays proposent des pèlerinages organisés.

TENUE

Il est interdit de fumer et de manger. Une tenue respectueuse est requise : les épaules doivent être couvertes, shorts et minijupes ne sont pas admis. Les animaux ne sont pas admis.

LIBRAIRIE

Le sanctuaire dispose d'une grande librairie religieuse, où l'on peut notamment trouver un relais-poste.

1A, avenue Monseigneur-Théas.

La ville de Lourdes

OFFICE DU TOURISME

Pour l'ensemble des informations relatives au tourisme à Lourdes (transport, logement, restauration, excursions).

Place Peyramale - Tél. 05 62 42 77 40 -www.lourdes-infotourisme.com

VENIR À LOURDES

EN AVION. L'aéroport Tarbes-Lourdes-Pyrénées est situé à 10 km de Lourdes. Une navette permet de rejoindre Lourdes.

Tél. 05 62 32 92 22 - www.tlp.aeroport.fr

EN TRAIN. La gare SNCF est située à 1,5 km à pied de la grotte.

EN BUS. Les bus **BLABLABUS** et **FLIXBUS** assurent aussi, à moindres frais, plusieurs liaisons hebdomadaires entre Lourdes et Paris ou d'autres villes.

SE DÉPLACER

EN TAXI. Taxis Services Lourdes : 33, avenue de la Gare.

Tél. 05 62 42 08 08 - Courriel : taxis.services.lourdes@wanadoo.fr

EN BUS. Réseau urbain de Lourdes. Tél. 0800 100 329 - www.moncitybus.com

SE LOGER

LOGEMENTS PROPOSÉS PAR LE SANCTUAIRE.

Voir la liste exhaustive sur www.lourdes-france.org/hebergements-sanctuaire
Tél. 05 62 42 82 59

LOGEMENTS PROPOSÉS PAR DES COMMUNAUTÉS RELIGIEUSES.

Voir la liste exhaustive sur www.lourdes-france.org/hebergements-sanctuaire

À noter particulièrement pour les malades :

ACCUEIL DES MALADES.

Accueil Notre-Dame, en face de l'esplanade.

13, route de Pau - Tél. 05 62 42 80 61 - Courriel : and-lourdes@lourdes-france.com

ACCUEIL MARIE SAINT-FRAI.

3, avenue Bernadette-Soubirous. Tél. 05 62 42 80 00
www.saintfrai-lourdes.com

À noter particulièrement pour les personnes en situation de précarité

CITÉ SAINT-PIERRE - SECOURS CATHOLIQUE - CARITAS FRANCE.
Des navettes de bus se rendent depuis la porte Saint-Joseph à la permanence du Secours catholique.
33, avenue Monseigneur-Rodhain. Tél. 05 62 42 71 11
Courriel : infos.csp@secours-catholique.org - www.citesaintpierre.net

À noter particulièrement pour les jeunes

VILLAGE DES JEUNES.
2 000 places de camping. 350 places en chambres et dortoirs. 2 chalets de 16 places.
Avenue Monseigneur-Rodhain. Tél. 05 62 42 82 59
Courriel : hebergement@lourdes-france.com

D'autres campings, hôtels, chambres d'hôtes, résidences de tourisme, hébergements collectifs... sont disponibles sur le site de l'office du tourisme.
www.lourdes-infotourisme.com/hotel-lourdes

LES MUSÉES

MUSÉE GRÉVIN. Une centaine de statues en cire retracent la vie de Bernadette Soubirous.
Ouvert des Rameaux à mi-octobre (de 9 h 30 à 11 h 45 et de 13 h 45 à 18 heures). Tous les dimanches et mercredis (en saison) ouverture à 10 heures. Entrée payante.
87, rue de la Grotte - Tél. 05 62 94 33 74 - www.musee-de-cire-lourdes.com

MUSÉE DU PETIT LOURDES. Promenade à ciel ouvert permettant la découverte d'une maquette géante de la ville en 1858, à l'époque des apparitions. Entrée payante.
Ouvert des Rameaux à octobre, de 9 heures à 18 h 30.
68, avenue Peyramale - Tél. 05 62 94 24 36 - Courriel : lepetitlourdes65@orange.fr
www.musee-lourdes.fr

CONTACTS UTILES À LOURDES

CENTRE HOSPITALIER.
2, avenue Alexandre-Marqui - Tél. 05 62 42 42 42

CROIX-ROUGE.

54, rue du Bourg - Tél. 05 62 94 13 65

POMPIERS.

15, rue du Sacré-Cœur - Tél. 05 62 42 84 00

COMMISSARIAT DE POLICE NATIONALE.

7, rue Baron-Duprat - Tél. 05 62 42 72 72

GENDARMERIE.

51 bis, avenue Sarsan - Tél. 05 62 94 66 66

MAIRIE.

2, rue de l'Hôtel-de-Ville - Tél. 05 62 94 65 65

BUREAU DE POSTE.

31, avenue Général-Baron-Maransin

**En cas d'urgence, prendre immédiatement contact avec le centre d'information du sanctuaire
1, avenue Monseigneur-Théas - Tél. 05 62 42 20 08
Courriel : saccueil@lourdes-france.com**

Bibliographie

À LIRE

Guides « Expliquez-moi » n° 1,
(sur les basiliques, sur les apparitions, sur le dogme de l'Immaculée Conception...)
Mgr Jacques Perrier, NDL Éditions

Lourdes, pourquoi je l'aime,
Mgr Jacques Perrier, NDL Éditions et Bayard Éditions, 2007

Lourdes aujourd'hui – Et demain ?
Mgr Jacques Perrier, Nouvelle Cité et NDL Éditions, 2007

Lourdes : le miracle depuis 150 ans,
Mgr Jacques Perrier, Michel Lafon, 2008

100 prières de Lourdes avec Bernadette,
Mgr Jacques Perrier, Salvator et NDL Éditions, 2009

Vivre l'Évangile avec Bernadette
P. Régis-Marie de La Teyssonnière, Tequi, 2017

La grotte de Lourdes, un chemin d'Évangile,
P. Régis-Marie de La Teyssonnière, CLD Éditions, 2008

Lourdes, les mots de Marie,
P. Régis-Marie de La Teyssonnière, CLD Éditions, 2008

Petite vie de Bernadette,
P. René Laurentin, Desclée de Brouwer, 2014

Bernadette vous parle,
P. René Laurentin, Médiaspaul et Lethielleux, 1987

Lourdes, récit authentique des apparitions,
P. René Laurentin, DDB et Lethielleux, 2002

Bernadette et nous, entre Lourdes et Nevers,
Mgr Francis Deniau, éditions Lethielleux DDB, 2008

Bernadette Soubirous,
Anne Bernet, Perrin, coll. Tempus, 2007

Lourdes, la grande histoire des apparitions, des pèlerinages et des guérisons,
Ruth Harris, JC Lattès, 2001

Dans les sabots et le regard de Bernadette,
Mgr Dominique You, Éditions des Béatitudes, 2008

Bernadette de Lourdes à Nevers,
Collectif, NDL Éditions et Nouvelle Cité, 2009

Lourdes, terre de guérisons
Patrick Theillier, Artège, 2019

Les signes de Lourdes
Philippe Mac Leod, Bayard Éditions, 2014

À VOIR

Lourdes
Documentaire de Thierry Demaizière et Alban Teurlai, Mars Films, 2019

À ÉCOUTER

Bernadette de Lourdes
Bande originale de la comédie musicale, DECCA, 2019

LES GUIDES Prions en Église

PRIONS EN ÉGLISE • 18, rue Barbès, 92128 Montrouge Cedex. www.prionseneglise.fr prionseneglise@bayard-presse.com • **Direction:** Pascal Ruffenach (directeur de la publication), Jean-Marie Montel (directeur). • **Rédaction:** Karem Bustica (rédactrice en chef), P. Jacques Nieuviarts (conseiller éditorial), Armelle Gabriel (assistante), Pomme Mignon (directrice artistique), Frédéric Pascal (secrétaire général de la rédaction), Pierre-Emmanuel Charon (chef de studio), P. Thibault Van Den Driessche (rédacteur), Florence de Bonnaventure et Nicolas Crouzier (secrétaires de rédaction). • **Photos de couverture:** Pierre Vincent/Santuaires de Lourdes ; Adobe Stock. • **Impression:** IME, 3 rue de l'industrie 25112 Baumes-les-Dames Cedex. • **Textes liturgiques:** © AELF. • **Textes :** Tous les textes sont du P. Thibault Van Den Driessche, sauf mention contraire et les textes des pages 44 à 46 : Don Anne-Guillaume Vernaeckt. Reproduction interdite sans autorisation © Bayard. Dépôt légal à parution. • **BAYARD PRESSE** • *Prions en Église* est édité par Bayard Presse, société anonyme à Directoire et Conseil de Surveillance au capital de 16 500 000 €. • **Actionnaires:** Augustins de l'Assomption (93,7 % du capital), SA Saint-Loup, Association Notre-Dame de Salut. • **Directoire:** Pascal Ruffenach (président), P. André Antoni, Alain Augé et Florence Guémy (directeurs généraux). • **Président du Conseil de Surveillance:** Hubert Chicou.

ÉGLISES ET CHAPELLES DU SANCTUAIRE

Voir la carte sur le rabat.

LE PARVIS DU ROSAIRE 4

L'architecture du parvis du Rosaire offre une véritable pédagogie de la foi. Les statues qui entourent le parvis demandent quelques mots d'explication pour qu'on puisse comprendre la richesse qu'elles représentent : une entrée dans plusieurs aspects importants de la foi, fondée sur les colonnes de l'Église, Pierre et Paul, qui encadrent le portail de la basilique.

La basilique du Rosaire offre au pèlerin un vaste espace de prière et de célébration. Elle est ornée de mosaïques qui donnent à contempler les 15 mystères du rosaire. Sa façade extérieure, parée des mosaïques réalisées par Rupnik, présente les mystères lumineux, touchant à l'être du Christ en son baptême et sa Transfiguration, sa révélation à Cana, l'institution de l'eucharistie et l'annonce du Royaume. À droite de la basilique du Rosaire, les arcades sont ouvertes sur le Gave et l'espace de la grotte.

LA BASILIQUE DE L'IMMACULÉE CONCEPTION 5

Quand il contemple le sanctuaire de Lourdes, la première chose que voit le pèlerin, c'est la basilique supérieure. Elle fut bénite le 15 août 1871, mais devint très vite trop petite, et dès son inauguration, fut envisagée la construction d'un second édifice, dédié à Notre-Dame du Rosaire. Tandis que cette église est encore en projet, le P. Sempé, supérieur des chapelains de

Lourdes jusqu'en 1889, obtient non sans mal que soit tracé un axe reliant la gare au sanctuaire naissant, le boulevard de la Grotte. En 1878, on inaugure le pont Saint-Michel, qui enjambe le Gave à proximité de l'entrée du sanctuaire.

LA BASILIQUE SOUTERRAINE SAINT-PIE-X 6

Située entre la porte Saint-Michel et la Vierge couronnée, la basilique souterraine Saint-Pie-X a été construite à l'occasion du centenaire des apparitions et consacrée le 25 mars 1958, par le futur pape Jean XXIII. Son plan ovale de 191 mètres de long et 61 mètres de large lui donne la forme d'une coque de bateau renversée, entourée de grands déambulatoires. Sa superficie de près de 12 000 m^2 lui permet d'accueillir jusqu'à 25 000 pèlerins.

L'intérieur de la basilique est orné de 52 gemmaux qui illustrent les 15 stations du chemin de croix, un « chemin de lumière de Bernadette », les 18 apparitions de la Vierge à Bernadette ainsi que la vie de Bernadette au cachot et à Nevers, et les 15 mystères du rosaire.

Elle est également parée d'immenses toiles représentant des saints et des bienheureux du monde entier, invitant à marcher sur « les pas des saints ».

Églises et chapelles du sanctuaire

L'ÉGLISE SAINTE-BERNADETTE 7

L'église Sainte-Bernadette se trouve face à la grotte de Massabielle sur la rive droite du Gave, à l'emplacement où se trouvait Bernadette à l'occasion de la dernière apparition, le 16 juillet 1858. Inaugurée en 1988, cette église moderne est le dernier lieu de culte important construit dans l'enceinte du sanctuaire.

LA CHAPELLE DE LA RÉCONCILIATION 10

Le message reçu par Bernadette durant les apparitions appelle à la conversion du cœur. Au bord de l'esplanade, la chapelle de la Réconciliation est ouverte à tous. Des prêtres y sont présents tous les jours, pour que tous puissent, s'ils le souhaitent, recevoir ce sacrement.

LA CHAPELLE DE L'ADORATION 14

Au pied de l'église Sainte-Bernadette, la chapelle de l'Adoration a été conçue à partir de trois symboles bibliques : la tente de la rencontre entre Dieu et son peuple, la nuée lumineuse, qui conduisait le peuple dans sa traversée du désert, et la cité nouvelle, symbolisée par les douze colonnes représentant les douze Apôtres. Elle a été inaugurée le 18 juin 1995 par Mgr Jean Sahuquet, évêque de Tarbes et Lourdes. Elle est d'une capacité de 150 places.

LA PORTE SAINT-MICHEL ET L'ESPLANADE 15

La porte Saint-Michel est la véritable entrée dans le sanctuaire pour le pèlerin. De là, l'architecture des lieux le conduit en effet au cœur de la foi et du trésor spirituel de Lourdes. La porte Saint-Michel est située à 400 m de la basilique du Rosaire, dont la première pierre est posée le 16 juillet 1883, lors du 25e anniversaire de la dernière apparition. Le gros œuvre est achevé en 1889. La basilique du Rosaire est bénite le 7 août de cette même année. Entrant par la porte Saint-Michel, entourée des archanges Gabriel et Raphaël, le pèlerin est accueilli par un espace circulaire large. Au centre, le calvaire breton est le discret rappel du signe de la croix que fit Bernadette le jour de la première apparition.